浙江省普通高校"十三五"新形态教材建设项目
浙江大学研究生素养与能力培养型课程建设——民族传统体育课题资助
2020年浙江大学本科生院新形态教材经费资助
中国大学MOOC太极拳初级通用教材
智慧树太极拳初级通用教材
超星民族传统体育——太极拳通用教材

太极拳 初级

主 编◎吴 剑 孙若海

副主编◎王 地 马 岚 郑同军 刘铭宇

ZHEJIANG UNIVERSITY PRESS
浙江大学出版社
·杭州·

图书在版编目（CIP）数据

太极拳初级 / 吴剑，孙若海主编. — 杭州：浙江
大学出版社，2023.1
ISBN 978-7-308-22706-3

Ⅰ．①太… Ⅱ．①吴… Ⅲ．①太极拳－教材Ⅳ.
①G852.11

中国版本图书馆CIP数据核字(2022)第098348号

太极拳初级
TAIJIQUAN CHUJI

吴　剑　孙若海　主编

责任编辑	葛　娟
责任校对	朱　辉
责任印制	范洪法
封面设计	林智广告
出版发行	浙江大学出版社
	（杭州市天目山路148号　　邮政编码　310007）
	（网址：http://www.zjupress.com）
排　　版	杭州林智广告有限公司
印　　刷	杭州佳园彩色印刷有限公司
开　　本	787mm×1092mm　1/16
印　　张	14.75
字　　数	290千
版 印 次	2023年1月第1版　2023年1月第1次印刷
书　　号	ISBN 978-7-308-22706-3
定　　价	72.00元

前　言

　　2020 年 12 月 17 日，联合国教科文组织宣布太极拳正式列入《人类非物质文化遗产代表作名录》，意味着太极拳文化的价值观念、思想体系和美学追求成为世界共同拥有和保护的重要遗产，对中华文化走向世界具有历史性的意义。

　　太极文化，拥有悠久的历史，深受道家、儒家等传统思想的影响，是中国古代最具特色和代表性的哲学思想之一，以"太极"命名的太极拳是太极文化的重要载体。太极拳的申遗成功，意味着太极拳文化全球传播的时代已经到来。

　　太极拳自 17 世纪中叶形成以来，世代传承，在海外有着广泛的传播力和影响力，已传遍 150 多个国家和地区，习练人数达 4 亿之众。在我国，习练太极拳的人数逐年增加，人们对于太极拳强身健体、修身养性的锻炼价值越加肯定和认可。越来越多的人想加入太极拳运动队伍之中，但是苦于不知道如何入门。本书撰写的初衷即是让初学者尽快掌握太极拳的练习方法，了解太极拳的运动规律，能够欣赏太极拳运动的美，通过太极拳比赛和表演进一步强化太极拳水平以及对于太极拳文化的本体认知和认同。

　　本书分为理论篇和技术篇，共十章。理论篇主要是对太极拳的起源和理论基础进行阐述；技术篇主要包括太极拳基本技术、太极拳基本套路、初段位套路、初级太极器械套路以及太极推手的内容。太极拳基本套路使用的是国家体育总局武术研究院编制的八式太极拳、太极八法五步以及二十四式简化太极拳；初段位套路使用的是国家体育总局武术研究院组编、中国武术协会审定的杨式太极拳一段位至三段位和陈式太极拳一段位至三段位套路；初级太极器械中的初级太极扇是王地、吴宇涛自编套路，初级太极剑是国家体育总局武术研究院组编的三十二式太极剑，初级太极刀使用的是李德印老师主讲的杨式太极刀，初级太极毛笔使用的是马建超老师编著的太极毛笔套路等。以上内容，由浙江大学民族传统体育专业学生华明康、李南燕、吴欣昕、吴宇涛等进行了图片拍摄和视频拍摄，浙江大学学生太极拳协会谢日新、戚境鑫以及研究生刘铭宇等进行了图片处理。

近几年，慕课课程如火如荼地开展，团队成员吴剑（浙江大学）和孙若海（中国计量大学）老师的太极拳初级慕课课程在中国大学慕课和智慧树平台上线，自2019年上线以来，至今修读人数接近10万人次，而且每学期开放，修读人数逐年上升，本书也与之配套出版。太极拳初级慕课课程以本书的理论篇为主要内容，而2021年超星平台上线的民族传统体育——太极拳以本书的实践篇内容为主，与之相对应的初级太极拳内容由吴剑老师负责编写，初段位套路由马岚老师负责编写，初级器械由王地老师负责编写，太极推手由孙若海老师负责编写，太极拳基本技术由郑同军老师和刘铭宇负责编写，最后由吴剑老师进行统稿。

最后，本书的部分内容借鉴了前人的成果，在此表示衷心感谢。另外，因为编写组成员的水平有限，不当之处敬请谅解。

编委会

2021 年 8 月 8 日

中国大学 MOOC
《太极拳初级》

智慧树
《太极拳初级》

超星
《民族传统体育——太极拳》

目 录

技术篇

理论篇

太 极 拳 初 级

太

极

拳

初

级

第一章

太极拳理论概述

第一节 太极拳的起源

太极拳是一种用中国的"阴阳"理论来解释拳理并命名的传统拳术。太极拳是中华民族辩证的理论思维与武术、艺术、引导术、中医等的完美结合，它以中国传统儒家、道家哲学中的太极、阴阳辩证理念为核心思想，集颐养性情、强身健体、技击对抗等多种功能于一体，是高层次的人体文化。作为一种饱含东方包容理念的运动形式，其针对意、气、形、神的锻炼，非常符合人体生理和心理的要求，对人类个体身心健康以及人类群体的和谐共处，有着极为重要的促进作用。

"太极"一词源于《周易系词》中的"易有太极，是生两仪"，含有至高、至极、绝对为宜的意思。而关于太极拳的起源，说法较多，无一定论。例如，有人说太极拳乃宋代张三丰所创，很多影视作品也表现了这一传说；也有人认为是梁时韩拱月、程灵洗等所创，还有人认为是唐时许宣平或李道子所创，并因此流传下来许多传奇故事。但经后人考证，这些说法都无法得到认证。

早期的太极拳又称"长拳""绵圈""十三势"等。到了明代，中国武术发展进入一个极为盛行的时期，出现了许多养生家、专著和新拳种。直到清朝乾隆年间，山西人王宗岳所著《太极拳论》，才正式确定了太极拳的名称，进而流传至今。太极拳在古代导引、吐纳之术的基础上，汲取各家拳法之长，又结合了阴阳学和中医经络学，因而变得更为完善，功效方面也更为显著。由此可知，太极拳不是一人所创。它是前人不断开创、总结、整理、修改和完善而逐步形成的。另外，太极拳不同流派之间也或多或少地相互借鉴和影响着，共同发展传承。

新中国成立以来，太极拳进入了一个迅猛发展的阶段，到目前为止，其影响力无疑在其他武术功法之上，甚至有许多人将太极拳称为"世界第一养生品牌"。

太极拳经过长期的流传演变，发展出许多的流派。其中传习较广、特点较为显著的有陈式太极拳、杨式太极拳、孙式太极拳、吴式太极拳、武式太极拳等流派。我们也会在后面章节进行介绍和赏析。尽管这些流派的开创各有其人，太极拳的风格、体式也各有异处，但总体的套路和动作顺序是基本一致的，而练拳的目的和宗旨也都是强身益骨、健身治病、延年益寿。

太极拳的起源

第二节　太极拳的特点

太极拳作为一项体育运动，它具有全面性、适应性、安全性等特点。

太极拳的全面性主要体现在太极拳是一项全面的系统工程，是一门具有中华民族传统文化特色的综合性学科，它涉及人与社会、人与自然以及与人体本身有关的问题，包括古典文学、物理学、养生学、医学、武学、生理学、心理学、运动生物力学等，体现东方文学的宇宙观、生命观、道德观、人生观、竞技观。

太极拳的适应性体现在太极拳动作柔和、速度较慢、拳式并不难学等方面，而且架势的高或低、运动量的大小都可以根据个人的体质而有所不同，能适应不同年龄、体质的需要，并非老年人的专利。我们大学生可以将太极拳作为锻炼的项目，中年人、儿童、少年也可以将太极拳作为运动项目。无论是理论研究还是亲身实践，无论是提高技艺功夫还是益寿养生，他们都能参与太极拳，并从中获取各自需要。

太极拳的安全性主要体现为：太极拳的动作演练松沉柔顺、圆活畅通、用意不用力的运动特点，既可消除练拳者原有的拙力僵劲，又可避免肌肉、关节、韧带等器官受到损伤；既可改变人的用力习惯和本能，又可避免用力不当和呼吸不当引起的胸闷紧张、气血受阻的可能。

太极拳的全面性、适应性、安全性的特点越来越被大众所认可，因此越来越多的人加入太极拳的锻炼中。

太极拳自身的运动特点表现为以下几个方面。

静心用意，呼吸自然，即练拳都要求思想安静集中，专心引导动作，呼吸平稳，气息自然，不可勉强憋气；

中正安舒，轻柔匀缓，即身体中正，舒松自然，不偏不倚，动作演练柔和缓慢；

动作弧形，圆活完整，即动作要呈弧形式、螺旋形，转换圆活不滞，同时以腰作轴，上下相随，周身组成一个整体；

连贯协调，虚实分明，即动作要连绵不断，衔接和顺，处处分清虚实，重心保持稳定；

轻灵沉着，刚柔相济，即每一动作都要轻灵沉着，不浮不僵，外柔内刚，发劲要完整，富有弹性，不可使用拙力。

太极拳的特点

第三节　太极拳的理论基础

太极拳作为中国传统文化的一个重要组成部分，受中国传统文化的影响很深，无论其在道德层面还是在技术理论层面，都能找到传统文化的精神内涵，它代表着东方文化。《太极拳论》指出："太极者，无极而生，动静之机，阴阳之母也。""动之则分，静之则合。"阴阳、动静之美感，是太极拳的精致巧妙之处。它融武术、哲学、医学、养生及其他理论精华于一身。

一、太极拳体现天人合一的整体观

太极拳"天人合一"整体观主要指人与自然统一。另外，太极拳运动的特点、演练形式、思维方式、养生原理也都充分运用了整体观思想。

其一，太极拳讲究人与自然的和谐统一。太极拳养生运动遵循人体生理及大自然运转规律，它注重四时、五脏、起居调养，使人体与日月星辰、万物、四时、地理等外在的自然环境协调起来。

理论篇

传统太极拳习练非常注重外在环境，古今道人非常注重清修，注重清新的空气和宁静的环境，太极拳运动也是在此基础上发展而来的拳种，外部清幽的环境引导习练者静心冥想，在山水云雾中，观看内心的风景，达到物我两忘的境界。另外，修习太极拳时通过身心的放松、动作的柔和流畅、呼吸的缓慢细匀，逐渐使身体各个关节依次贯通，身体皮肤毛孔张开，使人体之气和自然之气相通，内气和外气相结合，上能接天之气，下能接地之气，内外相通，吸收宇宙中的精微能量，达到天人合一的最高境界，充分体现了《黄帝内经》"天人相应"的整体观思想。

其二，太极拳运动也是一个整体的系统。

太极拳要求"周身一家""一动无有不动"。内外、上下、左右、前后，都互相关联，"内不动，外不发""腰不动，手不发""手、眼、身、法、步要协调一致""节节贯串"。强调周身协调，意气力三结合。例如陈式太极拳老架一路中的动作"金刚捣锤"，握拳时，要求拇指扣住食指中节，同时含胸，内部则要求吸气、收腹、松胯、提肛，内外皆动。即便极微小的动作，也要由腰部（丹田）带动，周身一动皆动。这样，可以促使周身整体锻炼。太极拳运动强调的是呼吸、意念和动作的整体和谐统一。通过这种全身整体动作的协调练习，使人体的五脏六腑能够协调工作，人体的内环境保持一种动态的平衡状态。在练习的过程中，没有明显的停顿，整套动作行云流水，一气呵成，再配合以呼吸，使动作与呼吸完美地结合在一起，从而达到人体健康长寿的目的。

二、太极拳体现形神合一的生命观

太极拳注重"内外合一""形神兼养"的生命观。太极拳中"形"指人的身形体态，具体包括手、眼、身法、步、筋、骨、皮的生理锻炼活动；"神"指精、气、神等无形的东西，最后形成人的气质、品德、内在修养、道德观念等。太极拳名家杨澄甫曾指出："所谓开者，不但手足开，心意亦与之俱开；所谓合者，不但手足合，心意亦与之俱合。能内外合为一气，则浑然无间也。"太极拳要求动作缓慢柔和、呼吸慢长细匀，舒展大方，达到心静体松的状态，能够有效调节人的心神，使人精神内守，这与《黄帝内经》的生命观不谋而合。

人体本身是一个整体，讲究形神相互依存。太极拳讲究"身心合修""以心行气""以气运身"，以"意念造型"使意在形先，意领气，气催形为入手方法，达到内外相合、上下相随而成形神合一的生命状态。精气神具有人体生命的物质基础、功能动力、精神主宰三方面至关重要的作用，引出以精气神为基础的合于天道的生命本质观，并在此基础上衍生出调摄情志、形神共养等生命养护的方法。太极拳的深层内涵体现了自然生命精神，富含韵味无穷的生命意境，"形韵—意韵—神韵"构成了太极拳生命意境的三层次理论。

三、太极拳体现矛盾对立统一的哲学观

太极拳是受中国传统哲学影响最深的一个拳种，它依附于太极阴阳学说，并以此为拳理的基本理论，以此为行拳的根本。它认为"一阴一阳谓之道"，"道生一，一生二,二生三,三生万物，万物负阴而抱阳，冲气以为和"，揭示出事物中正反、强弱、生死、远近、前后、上下、虚实、难易、动静、快慢、刚柔、美丑等诸矛盾"负阴抱阳"、既对立又统一，彼此相互依赖、相互关联、相生相成的关系。太极拳就是依据传统哲学中这种既对立又统一、阴阳相济、阴阳互根互生的思想来构建其拳理和拳架造型的。清代王宗岳的《太极拳论》就涉及了阴阳、动静、屈伸、急缓、隐现、左右、仰俯、进退、强弱、快慢、远近等十几对阴阳对立的矛盾关系，正是在这些对立统一的矛盾中产生了和谐，太极拳家们把这些思想理论与太极拳实践结合而形成了具有深厚哲理的太极拳术。

四、太极拳体现传统文化的养生观

中国的养生文化已经有几千年的历史了。养生有许多方法，但太极在养生中效果最为出类拔萃，它既有全面的养生理论，又有丰富多彩的功法、套路，更有显著的健身疗疾的效果。太极拳集养生文化之大成，通过独特的练习方法，外练形体：对身体形态进行锻炼；内炼心性：对精神心理进行修炼。既强调了载体"命"的重要性，又确立了精神境界在养生健身过程中的主导性，形成了完整的太极拳养生文化体系。养生不是简单的肢体锻炼，养生是"性命双修"。"性"是指心理、精神，"命"是指身体健康状态，"养生"既是对精神和心理状态的培养、育养、护养，提高涵养，又是对生命的爱护，以达到更好地生存、生长、生活的目的。

太极拳充分吸纳传统养生术的精华，融入拳架之中，胸腰折叠，内气鼓荡，生生不已，通过意养于拳，使体内水火交融、阴阳平衡，生命质量得到全面有效提高，从而实现祛病强身、延年益寿。中国的太极拳集技击、养生、哲理于一身，用意练拳，行拳练气，虚静其心，以心行气，将气与心结合，以人的思想、精神、心理状态为修炼的基础，蕴含着丰富的养生观。

五、太极拳体现中国传统文化的审美观

中国传统文化的审美观重视物体的对称平衡之美、中正安舒之美，乃至气势之美、神韵之美、意境之美。太极拳在每招每式每个动作中，都要求对称平衡，有上必有下，有前必有后，开中有合，合中有开，刚柔相济；要求所有动作非圆即弧，螺旋缠丝，要求拳架外形美与内在神韵美有机结合，不仅每个动作的造型都能给人美感，而且尤其要

理论篇

有潇洒而凝重、轻灵而沉稳、舒展而紧凑、圆活而端庄、有情有景、赏心悦目、意趣盎然等美感。中国人在表达审美意趣时具有含蓄、朦胧或虚化的特点，而太极拳所讲究的"运动如抽丝，迈步如猫行"等特点正是体现了这种美的修养和美的境界。

太极拳的理论基础

第四节　各流派太极拳的风格特征及鉴赏

一、陈式太极拳风格特征及鉴赏

陈式太极拳是明末清初由著名拳师陈王廷所创，经过十几代人的传承，如今成为习练太极拳人数众多的太极拳拳种流派。陈式太极拳架势舒展大方，步法轻灵稳健，身法中正自然，内劲统领全身，以缠丝劲为核心，动作以腰为轴，节节贯穿。螺旋缠丝式的缠绕运动是陈式太极拳的核心与精华所在。陈式太极拳结合力学和经络学说，采用螺旋缠绕的运气方法及其顺、逆缠等伸缩旋转运动，动作刚柔相济，快慢相间、松活弹抖，震脚跳跃，是一种具有很强实战性的技击运动。

陈式太极拳风格
特征及鉴赏

二、杨式太极拳风格特征及鉴赏

杨式太极拳是由河北邯郸永年人杨露禅及其儿子杨班侯、杨健侯，其孙子杨少侯、杨澄甫等发展创编的。杨露禅，跟从河南温县陈家沟陈长兴学习太极拳。学成后，先在家乡永年教授太极拳，后被人推荐去北京授徒。因武艺高强，号称"杨无敌"。他在北京授拳时，弟子多为王公大臣，生活奢侈而体弱多病，又不耐艰苦。杨露禅考虑到这些人的身体素质和保健需要，将自己所学太极拳中的一些高难度功架简化，使姿势较为简单，动作柔和易练，既适合穿长衫、留辫子的人练习，又有益于健身。后经其子、孙修改，定型而成杨式太极拳。其特点是：立身中正安舒、拳架开展大方、动作松柔缓慢、行动速度均匀、招式虚实分明、周身圆活连贯、腰身使动四肢、换位逢转必沉、体用效果突出。

杨式太极拳风
格特征及鉴赏

三、吴式太极拳风格特征及鉴赏

北京市大兴区人吴全佑，经多年精心苦练，吸收杨式太极拳杨露禅、杨班侯父子大、小架之精华，在杨式太极拳的基础上，创立出一套人称"中架式"的太极拳，可以说是吴式太极拳最早的雏形。后经其子吴鉴泉数十年融化和拓展，形成了一种以柔化为主，拳架紧凑，拳法细腻，轻灵圆活的新拳架，这就是吴式太极拳。

吴式太极拳的最大特点是两脚成"川"字步，无论平行步还是虚步、弓步、斜弓步，二脚都是平行的。这与其他太极后脚尖外撇不同。吴式太极拳功架紧凑、松静自然、柔和缜密、招招连绵、环环相扣，如行云流水、轻灵圆活、外松内紧、棉里裹针、内实精神、外示安逸、动作贯穿之特有风格。

吴式太极拳风
格特征及鉴赏

四、武式太极拳风格特征及鉴赏

武式太极拳是武禹襄先生在赵堡太极拳和杨式太极拳的基础上，根据自身练功方面的感悟而创编的拳式。该拳小巧紧凑，集强身、防身、修身于一体，是更适合文人习练的太极拳，后人称之为武式太极拳。

武式太极拳拳架小巧紧凑，不迈大步，不下大势，练功时架子较高，拳式小巧紧凑舒缓。武禹襄祖师早年随其父武烈习练长拳、洪拳，已有深厚的功底，而到赵堡后得有《王宗岳太极拳论》《太极拳概要图》等，归故里后与外甥李亦畬、李启轩研创多年，于1859 年创有二路太极炮捶和三路太极小架。此拳法对敌应用时，发力快如闪电，用劲动如雷霆，步法变化多端，身法有刚有柔，充分发挥了武式太极拳的文武兼备之特点。

五、孙式太极拳风格特征及鉴赏

孙式太极拳创始人为孙禄堂。孙禄堂早年随形意拳大师郭云深学习形意拳，并从八卦掌大师董海川弟子程廷华学习八卦掌。其后因照顾病中的武禹襄传人郝为真，而蒙其传授太极拳学。孙禄堂将形意拳、八卦掌和武式太极拳三者合而为一，自成一家，人称孙式太极拳。孙式太极拳的风格特点主要是：进步必跟、退步必随、动作敏捷、圆活紧凑，犹如行云流水，连绵不断，每左右转身以开合相接。

武式太极拳风
格特征及鉴赏

孙式太极拳风
格特征及鉴赏

第二章

太极拳的武德和礼仪

第一节 武 德

武德，早在春秋时期左丘明所著的《左传》中就有"武德有七"的论述。以后随着时代的发展，武德的含义也在不断地变化发展。过去，大多以"尊师重道，孝悌正义，扶危济贫，除暴安良""虚心请教，屈己待人，助人为乐"等作为武德信条。武术的各拳种流派，也都订有自己的"门规""戒律""戒约"，并有"三不传""五不传""十不传"以及"八戒律""十要诀"等作为武德的标准。今天，也有不少学者对武德进行概括，有的学者认为武德是"尚武崇德的精神"，有的学者认为武德是"一种美德"，也有的学者认为武德是"武者体现的道德"。1987 年，全国武术学术研讨会将武德规范概括为"尚武崇德，修身养性"。

段位制中的《武德篇》：武德高，武旨正，武纪严，武风良，武礼谦，武志坚，武学勤，武技精，武仪端，武境美。

新时代《武德守则》：爱国爱民、精忠报国；强身健体、文武兼备；弘扬武术、以德为先；崇尚科学、勤学苦练；诚实守信、知行统一；举止庄重、谦和礼貌；尊师爱生、团结友爱；意志坚强、百折不挠；钻研武技、精益求精；遵规守纪、健康中国。

新时代《习武十诫》：

（一）不准有辱国格人格，危害社会治安；

（二）不准拉帮结派，搞宗派门户争斗；

（三）不准宣传伪科学，搞封建迷信活动；

（四）不准搞非法敛财，牟取暴利；

（五）不准淫乱、赌博，参与毒品活动；

（六）不准打架斗殴，恃强凌弱；

（七）不准拨弄是非，破坏团结；

（八）不准营私舞弊，唯利是图；

（九）不准酗酒滋事，制造事端；

（十）不准骄傲自大，出言不逊。

第二节 礼 仪

太极拳礼仪是习练太极拳者应共同遵守的最基本的道德行为规范，是习武之人文明礼貌的一种体现。太极拳礼仪包括徒手礼和持械礼。徒手礼又包括抱拳礼和鞠躬礼。

一、徒手礼

（一）抱拳礼

抱拳礼行礼的方法：并步站立，右手成拳，左手四指并拢伸直成掌，拇指屈拢，左掌心掩贴右拳面（左指根线与右拳棱相齐），左指尖与下颏平齐，右拳眼斜对胸窝，置于胸前屈臂成圆，肘尖略下垂，拳掌与胸相距20~30厘米。头正、身直、目视受礼者，面容举止大方（图2-2-1）。

抱拳礼的含义：左掌表示德、智、体、美"四育"齐备，屈拇指表示不自大，右拳表示勇武顽强，左掌掩右拳，表示"勇不滋事""武不犯禁"；左掌右拳拢屈，两臂环抱成圆，表示五湖四海，天下武林是一家，以武会友；左掌为文，右拳为武，表示文武兼备。

图2-2-1

抱拳礼主要用在武术竞赛、表演、训练活动中。在训练中，进场地之前向老师行抱拳礼，结束之后向老师行抱拳礼。比赛中，上场之前向裁判长行报拳礼，结束之后或者领分之后可以再行抱拳礼以示敬意。在表演之前和之后行抱拳礼，表示感谢。

（二）鞠躬礼

鞠躬礼行礼的方法：并步站立，两手垂置于体侧，手心向内贴于大腿外侧，上体向前倾斜 15°（图 2-2-2）。

鞠躬礼的应用：见到师长或领导时使用此礼；表演、比赛演练结束时使用此礼；不适于应用抱拳礼的正规场合。

图 2-2-2

二、持械礼

持剑礼的行礼方法：并步站立，左手抱剑，屈臂使剑身贴于小臂外侧，斜横于胸前，右手拇指屈拢成斜侧立掌，以掌根附于左腕内侧，两腕部与锁窝同高，两臂外撑，肘略低于手，目视受礼者（图 2-2-3）。

图 2-2-3

太极拳的武德和礼仪

理论篇

第三章

太极拳的锻炼方法

第一节 太极拳的锻炼原则

本章主要讲解太极拳的锻炼方法，首先我们来讲解一下太极拳的锻炼原则。太极拳作为一项体育运动，遵循体育运动的锻炼原则，但是也有其本身的锻炼原则和方法。

一、循序渐进原则

太极拳运动要按照一定的步骤深入或提高。一方面，太极拳锻炼和学习过程类似，都是由浅入深、由易到难的过程；另一方面，人的生理机能有自身的阶段性特征。在太极拳锻炼过程中，必须依据人体的基本规律以及生理机能变化发展的阶段性特征，合理地安排锻炼行为和运动负荷，通过科学合理的安排，逐步打破人体原有的内在平衡，逐步实现由量变到质变的过程。因此太极拳初学者往往是从最简单的手型、步型、手法、步法等基本功开始，然后过渡到组合动作练习，之后会学习整套太极拳的动作。整套太极拳也是从动作较少的套路比如八式太极拳开始，或者以课程的主要内容二十四式简化太极拳作为入门的套路，在此基础上再习练太极拳的各种风格的拳法，从而更深入地提高太极拳的水平。

二、自觉主动原则

太极拳锻炼过程中必须通过多种方式和手段使参与者形成一种内在的、积极的太极拳锻炼心理需求，产生内在激励机制和外在行为机制。太极拳作为一项运动会，对人体产生物体的改造，要求人体必须克服自身惰性，而强制地、被动参与的太极拳锻炼只能短期产生积极影响，难以持久。有些太极拳锻炼者是因为各种原因强制参加太极拳学习，比如我们浙大同学要修体育学分，由于是自己网上选课，会出现在自己空闲时间没有自己想学的体育项目，只能选择自己不是很感兴趣的太极拳项目，这样的心态其实不利于学习太极拳；只有真正对太极拳运动有浓厚兴趣的爱好者才能发现太极拳运动的价值。

三、持之以恒原则

体育锻炼对人体的积极改造，不是一朝一夕就能实现的，而且，人体有着"用进废退"的自然法则约束，已有的锻炼效果如果不进行强化巩固就会慢慢消退。无论从锻炼行为、锻炼意识还是健身效果的保持来看，都必须持之以恒。少数太极拳练习者兴冲冲地决定进行太极拳锻炼，但是往往也会因为工作和生活的忙碌，没有更多的时间坚持，会在一段时间后中断。所以，锻炼效果显而易见的不好，只有长期坚持太极拳的锻炼才能体验太极拳给我们带来的巨大变化，不仅是生理变化，而且对于个体的认知也会发生变化。

四、全面锻炼原则

人的构成既有生理层面的，也有心理和社会层面的；单从生理层面看，人体的形态、机能以及各器官系统的功能也是一个相互影响的负载系统。太极拳锻炼要从各方面对人加以改造，改造对象的多样性要求改造方法的多样性与改造过程的全面性。

五、具体针对原则

在太极拳锻炼中，我们必须根据综合情况考虑参与者个体的体质基础、身体机能状况、健康水平、太极拳文化素养、所处环境等，综合选择锻炼方法，安排锻炼内容，确定运动负荷，使太极拳锻炼做到因人而异、因地制宜。例如，对于初学者，我们会根据他们的年龄、性别、接受能力安排不同的教学进度，也会根据初学者的基础，调整太极拳的中级教学的内容。

总之，在坚持以上原则的基础上，我们根据锻炼者的实际情况制订相应的锻炼计划、锻炼内容、锻炼手段，使初学者快速入门，再经过一段时间的学习，能使太极拳锻炼者领悟太极拳的真谛。

太极拳的锻炼原则

理论篇

15

第二节　太极拳的锻炼方法

太极拳初学者锻炼的重点在步型、步法和身型、身法的正确学习上，还要兼顾记忆架式的形态、方向要点以及连接，这一阶段要将正、稳、轻、慢、匀作为主要练习目的。

一、正

"正"有两重意义，首先是要把步型、身型学正确。开步、收步、迈步移动重心，任何一个过程都要注意塌腰、垂臀、坐腿，以保持身型正、步型正；不断纠正，这样做，就无前俯、后仰、挺腹、翻臀的毛病。初学时可以时常低头看看脚尖的位置、方向、两脚的位置，发现不对及时纠正。熟识了以后，每次做同样动作都不会变样了，头就不能再低垂看地；要提顶（同时下颌微收）、宽胸、垂臀，眼向前看。

"正"的另一个意思是动作正确，架势规范，手不可以随意摆放，提举、旋臂、转膀、活腕有一定的规律；臂成弧形，动作过程成弧形；不能任意施为。

二、稳

稳主要是指控制重心稳定。前进后退不能高低起伏、左摇右摆、前俯后仰。稳的关键在腰和腰以下，特别是下肢的动作。最初学习入门不能只顾学动作的形式，更不能追求短期内学会动作连贯成套路演练为满足。"正"多指静态完成时定型之正，"稳"多指进退动态时的重心控制。静态时只要做到"正"就必然稳，容易把握重心的稳定。走动过程，重心就较难把握，学习时必须注意进退的规矩，按要求学习。比如从前一个弓步架式上步成下一个弓步，这个过程就容易出现不稳，常常是上体前倾，姿态起伏。其原因是初学者没有掌握先稳重心再移后脚上步的规律。

三、轻

轻主要指的是上肢动作。我们常常提到太极拳是"上虚下实""上轻下重"的运动。所谓"上"指的是上肢，"下"指的是下肢。这就是说，下肢动作要稳实、不飘浮，而上肢的动作要轻松。初练太极拳时肢体动作都比较紧张，关节、肌肉都着力，显得有点僵硬；不是耸肩就是抬肘，最常见的是手腕内屈或背屈（翘腕），五指撑直或掌指关节屈曲，这都是拙力的表现。太极拳练习，上肢是不着力的。力度以能完成动作形式所需就足够了。过之则僵硬，不及则偏软。这种恰到好处的力度的把握要经过较长时间的锻炼才能达到满意的效果。

四、慢

慢指的是运动过程的速度要缓慢，无论初学者还是为锻炼养生练太极拳的人都应该"慢"，越慢越好。初学时，随着老师慢，有利于较好地模仿动作，有利于认识动作和记忆动作，摆正肢体的位置、形态；有利于边模仿边听清楚老师的解说与要求。学习就会比较细致，基础就较为牢固。慢与轻，同样是基础功夫。熟识套路后自己练习时也要慢，动作过程越慢，运动量越大，协调性和平衡性的要求也越高。初学入门时动作的慢与呼吸规律无关，只要如常地顺畅地自然呼吸就可以了。但在提高阶段，动作的慢就直接与呼吸规律有关，不是动作慢带着呼吸节律慢，相反是深长细缓的呼吸速度引领动作的速度。呼吸深长缓慢，动作的收放、开合、虚实变化同步缓慢。

五、匀

匀是指动作匀速。初学时要练成习惯，一举手一投足、一进一退都要控制速度，不能忽快忽慢。各个流派有同样的要求。陈式太极拳虽快慢相兼，乃是蓄发互变，然整个基调仍是匀速。慢练套路自始至终保持同样的慢动作。

以上是初学者的锻炼方法。随着练习者锻炼时间的推进，我们的锻炼方法也会做相应的调整。

太极拳的锻炼方法

第四章

太极拳竞赛与表演

第一节　太极拳的竞赛

一、传统太极拳的竞赛

太极拳的竞赛一般可以分为传统太极拳竞赛和竞技太极拳的比赛。目前广泛开展的大众太极拳比赛主要指传统太极拳比赛。传统太极拳比赛一般也会在武术比赛中占据半壁江山。由于目前太极拳运动开展得比较好，因此越来越多的城市、县区以及乡镇都会开展太极拳竞赛或者交流活动。就浙江省而言，几乎月月有赛事，而且规模都较大，多的上千人，少的也有几百人。那么作为初学者，如何进行传统太极拳竞赛的报名呢？首先我们要了解一下太极拳的竞赛项目有哪些。大家今后也可以根据太极拳的项目设置进行对应的太极拳的练习，并且在众多项目的演练中，找到适合自己的太极拳运动的风格。

传统太极拳的竞赛项目设置会根据赛会的目标群体、时间、场地以及经费等各方面考虑，各个比赛的规模不同而设置不同的项目，一般太极拳类项目包括单练徒手、单练器械、对练以及集体四大类。

单练徒手又可以分为规定太极拳、派别太极拳、规定其他太极拳、自选其他太极拳以及段位制太极拳等。规定太极拳主要是竞赛套路和国家体育总局指导下创编的规定套路，我们课程的简化太极拳就属于规定太极拳的种类。派别太极拳是指各种风格的太极拳的传统太极拳套路，例如比较经典的陈式老架一路、二路，陈式新架一路、二路等套路。规定其他太极拳是指有传承人自己创编的有文字发表的规定太极拳，比如由蔡天彪老师创编的六式太极拳（甬版），就是正式出版发行并在社会上传播练习的套路。自选其他太极拳主要是指有此类风格特征的太极拳但是没有规定的动作，属于自由发挥、自由创编类型的太极拳套路。一般是地方某一发起人确定了一种拳种的名称以及套路的某一风格，大家自主创编练习。段位制太极拳类主要是指国家体育总局武术研究院组编的陈式、杨式、吴式、孙式、武式、和式六种太极拳风格的 1 到 6 段位的太极拳套路。

单练器械分为太极拳短器械、太极拳长器械、太极拳双器械。太极拳短器械包括太极剑、太极拳扇、太极刀、太极球、太极拂尘等器械套路。太极长器械套路包括太极棍、太极枪、太极大刀等套路。太极双器械主要包括太极双剑、太极双扇、太极双锏、太极双环等器械套路。太极拳对练主要是指段位制的太极拳对练。太极拳集体项目又分为徒手集体项目和器械集体项目两种。

传统太极拳的比赛举办通常从竞赛计划的制订开始，包括竞赛规程的拟定、发布，运动队的报名、组队，大会制定秩序册、制作号码簿，正式比赛报到、比赛、闭幕等一系列流程，一次比赛的成功离不开众多领导、工作人员、裁判员、教练员、运动员以及志愿者的工作付出。每次比赛会设置竞赛监督、仲裁、总裁判长、副总裁判长、裁判长、裁判员、检录员、编排员、广播、摄像等工作人员。大型的太极拳比赛一般会设置两个以上场地。传统太极拳比赛一般采用《传统武术套路竞赛规则》（2012 版），因此运动员的评分采取 10 分制。运动员技术演练综合评定评分标准分为 3 档 9 级，其中8.50 ～ 10.00 分为优秀，7.00 ～ 8.49 分为良好，5.00 ～ 6.99 分为尚可。每一档又分为 3个级别。裁判员根据运动员的现场表现给予一定的分值。

《传统武术套路竞赛规则》（2012 版）

等级评分总体要求

动作规范，方法正确，风格突出。运动员应表现出所演练拳种及项目的技术特点和风格特点，应包含该项目的主要内容和技法。

劲力顺达，力点准确，动作协调。通过运动员的肢体以及器械应表现出该项目的劲力、方法特点，手、眼、身、法、步配合协调，器械项目要求身械协调。

节奏恰当，精神贯注，技术熟练。应表现出该项目的节奏特点。

结构严密，编排合理，内容充实。整套动作应与该项目的技术风格保持一致，具有传统性。

武术功法项目应动作规范、松静自然；动作规范，圆活连贯、呼吸顺畅；意念集中、风格突出；连贯圆活，速度适宜，神态自然，呼吸顺畅，意念集中，演练神韵与项目特点融合。

对练项目应内容充实，结构紧凑，动作逼真，风格突出，配合严密，攻防合理。

集体项目应队形整齐，应以该项目的技术为主要内容，突出该项目的风格、特点，配合默契，动作整齐划一，结构恰当，布局匀称，并富于一定的图案变化。

配乐项目动作与音乐应和谐一致，音乐的风格应和该演练项目的技术风格相一致，要避免动作结束时音乐突然中断，导致项目缺乏完整性。

裁判员评分标准

裁判员根据运动员现场技术演练发挥的水平与"等级评分总体要求"的相符程度，按照评分的等级标准，同时与其他运动员进行比较，确定运动员等级分数。在此基础上，减去"其他错误"的扣分即为运动员的得分。裁判员评分可精确到小数点后2位数，尾数为0～9。

裁判员执行的其他错误内容及扣分标准。1.遗忘：扣0.1分。2.出界：扣0.1分。3.失去平衡：晃动、移动、跳动扣0.1分。4.器械、服装影响动作：扣0.1分。5.器械变形：扣0.1分。6.附加支撑：扣0.2分。7.器械折断：扣0.3分。8.器械掉地：扣0.3分。9.倒地：扣0.3分。10.对练项目：击打动作落空，扣0.1分；误中对方，扣0.2分；误伤对方，扣0.3分。11.以上错误每出现一次，扣一次；在一个动作中，同时发生两种以上其他错误，应累计扣分。

运动员的应得分数的确定：3名裁判员评分时，取3名裁判员评出的运动员得分的平均值为运动员的应得分；4名裁判员评分时，取中间2名裁判员评出的运动员得分的平均值为运动员的应得分；5名裁判员评分时，取中间3名裁判员评出的运动员得分的平均值为运动员的应得分。应得分可精确到小数点后2位数，第3位数不做四舍五入。

裁判长对评分的调整：当评分中出现明显不合理现象时，在出示运动员最后得分之前，裁判长可调整运动员的应得分。裁判长调整分数范围为0.01分至0.05分。如需调整更大幅度方可纠正明显不合理现象时，裁判长须经总裁判长同意，调整分数范围扩大为0.05分至0.1分。

最后得分的确定：裁判长从运动员的应得分中减去"裁判长的扣分"，或加上"裁判长的调整分"，即为运动员的最后得分。

裁判长评分标准

裁判长执行的其他错误内容及扣分标准。

1. 完成套路时间不足或超出的规定。

（1）运动员完成套路时间，凡不足规定时间或超出规定时间在 5 秒以内（含 5 秒），扣 0.1 分；不足规定时间或超出规定时间 5 秒，在 10 秒以内（含 10 秒），扣 0.2 分；不足规定时间或超出规定时间达 10 秒以上，扣 0.3 分，最多扣 0.3 分。

（2）运动员超过规定时间扣分已达 0.3 分时，裁判长应请运动员立即收势停止比赛。此种情况应视为运动员完成套路。

2. 运动员在规定套路比赛中每漏做或多做一个完整动作，扣 0.1 分。

3. 运动员因主观原因未完成套路，经裁判长同意可重做一次。运动员重做后，裁判长在其应得分的基础上，扣 1 分。运动员因客观原因未完成套路，可重做一次，不扣分。

4. 集体项目比赛的人数，少于竞赛规程规定的人数，每少 1 人，扣 0.5 分。

5. 配乐不符合竞赛规程规定者，扣 0.1 分。

6. 传统拳种各流派项目在演练中出现竞技项目《武术套路竞赛规则》中所规定的 B 级及 B 级以上的难度动作，每出现一次，扣 1 分。

以上是场上裁判长和裁判员评分的方法，还有一些比赛过程中音乐、检录、申诉等内容，大家可以通过链接进行进一步的学习。

传统太极拳的竞赛

二、竞技太极拳的竞赛

竞技太极拳的竞赛又称为自选太极拳。竞技太极拳的比赛模式与传统太极拳比赛模式相类似，不管是从竞赛规程的下达还是运动队的组队，包括裁判员的设置都差不多，唯一有区别的是竞技太极拳比赛中运动员要完成 2 分的难度动作，所以竞技太极拳比赛的裁判由 A、B、C 三组裁判员组成。

竞技太极拳的竞赛

理论篇

（一）A组裁判员评分方法

A组裁判员主要是对动作质量进行评分。总分5分，采取扣分制。运动员现场完成套路时，动作规格与要求不符，每出现一次扣0.10分；其他错误每出现一次扣0.10~0.30分。自选太极拳动作规格错误内容及扣分标准如表4-1-1、表4-1-2所示，主要从平衡、腿法、跳跃、步型方法、手型、器械方法等六个方面进行扣分。

竞技武术比赛一般都有打分系统，系统在运动员出现动作错误时，需要裁判员打点并输入编码。例如：运动员在做蹬脚动作的时候，出现上举腿低于水平或者上举腿未伸直现象，裁判员就打一个点，并输入24的编码，同时有两个裁判打了这个点，电脑自动碰点成功，那么该名运动员将会被扣除0.1分（见表4-1-1，表4-1-2）。

表4-1-1　自选太极拳、太极剑动作规格错误内容

类别	动作名称	编码	错误内容
平衡	侧朝天蹬直立	10	▼支撑腿弯曲▼上举腿弯曲
	提膝独立	17	▼提膝未过腰
	前举腿低势平衡	18	▼前举腿低于水平
	后插腿低势平衡	19	▼插出腿脚触地
腿法	分脚、蹬脚	23	▼上举腿低于水平▼上举腿未伸直
	摆莲脚、拍脚	25	▼击响时摆动腿弯曲▼击拍落空
	雀地龙	26	▼前腿脚内扣触地▼两大腿夹角小于45°
跳跃	腾空飞脚、旋风脚、腾空摆莲、腾空飞脚向内转体180°	30	▼击响腿脚尖未过肩▼击拍落空
	腾空正踢腿	31	▼悬垂腿弯曲
步型步法	弓步	50	▼前腿膝部超出脚尖▼前腿未接近半蹲▼后腿脚跟离地▼后腿膝内跪
	虚步	52	▼屈蹲腿脚跟离地
	仆步	53	▼屈蹲腿未全蹲▼仆腿未伸直▼仆腿全脚掌未内扣着地
	上步、退步、进步、跟步、侧行步	59	▼脚拖地（特殊动作要求除外）▼移动时重心起伏▼抬脚过高
手型	剑指	04	▼食指与中指未伸直并拢▼拇指未压在无名指上
器械方法	挂剑、撩剑	60	▼直腕▼未成立圆
	握剑	66	▼食指扣握在剑盘前沿触及剑刃

注：1. 动作规格出现错误内容，扣0.10分；一个动作出现多种规格错误，均一次性扣0.10分。 2. 一个组合动作出现两个以上同一器械方法错误，均一次性扣0.10分。3. 一个组合动作出现两个以上同一步法错误，均一次性扣0.10分。

表 4-1-2　自选项目和无难度评判的规定项目、自选项目（单项）其他错误内容及扣分标准

类别	扣分内容	编码
失去平衡	上体晃动、脚移动或跳动	70
	附加支撑（扣 0.20 分）	71
	倒地（扣 0.30 分）	72
器械服饰	器械触地、脱把、碰身、变形	73
	器械折断（扣 0.20 分）	74
	器械掉地（扣 0.30 分）	75
	刀彩、剑穗、枪缨、服饰、头饰掉地；刀彩、剑穗、软器械缠手（缠身）；服装开组或撕裂；鞋脱落	76
其他错误	平衡静止时间不足 2 秒	77
	身体任何一部分触及线外地面	78
	遗忘	79

注：1. "晃动"是指支撑状态时，上体出现双向或多向位移。2. "碾动"是指单脚着地时脚掌或脚跟出现拧动。3. "移动"是指双脚或单脚或一脚一腿支撑时，任何一脚出现的位移。4. "附加支撑"是指由于失去平衡造成手、肘、膝、头部、非支撑脚触地或借助器械撑地。5. "倒地"是指双手、上臂、肩、躯干、臀部触地。6. "器械变形"是指器械弯曲变形角度超过 45°。7. "平衡静止时间"以首次出现静止状态开始计时。8. 在一个动作中连续出现两个以上其他错误，应累计扣分。9. 以上错误均按出现的人次累计扣分。10. 未标明扣分分值的均为扣 0.1 分。

（二）B 组裁判员评分方法

B 组裁判员主要对运动员的演练水平进行评判。总分 3 分，采取给分制。演练水平的评分包括演练水平等级的评分和套路编排的评分。

1. 演练水平等级的评分

演练水平的总体要求是：劲力充足，用力顺达，力点准确，手眼身法步配合协调（器械项目需身械协调），节奏分明，风格突出，动作与音乐和谐一致。

演练水平等级的评分标准：按劲力、协调、节奏、风格、配乐的评分标准分为 3 档 9 级。其中，3.00 ～ 2.51 分为好，2.50 ～ 1.91 分为一般，1.90 ～ 1.01 分为不好。劲力充足、用力顺达、力点准确、手眼身法步及身械配合协调、节奏分明、风格突出、动作与音乐和谐一致为"好"。劲力较充足、用力较顺达、力点较准确、手眼身法步及身械配合较协调、节奏较分明、风格较突出、动作与音乐较和谐一致为"一般"。劲力不充足、用力不顺达、力点不准确、手眼身法步及身械配合不协调、节奏不分明、风格不突出、动作与音乐不和谐一致为"不好"，见表 4-1-3。

理论篇

表4-1-3　自选项目演练水平等级分评分标准

档次	级别	分数段	评分标准
好	①级	3.00～2.91	劲力充足、用力顺达、力点准确、手眼身法步及身械配合协调、节奏分明、风格突出、动作与音乐和谐一致为"好"
	②级	2.90～2.71	
	③级	2.70～2.51	
一般	④级	2.50～2.31	劲力较充足、用力较顺达、力点较准确、手眼身法步及身械配合较协调、节奏较分明、风格较突出、动作与音乐较和谐一致为"一般"
	⑤级	2.30～2.11	
	⑥级	2.10～1.91	
不好	⑦级	1.90～1.61	劲力不充足、用力不顺达、力点不准确、手眼身法步及身械配合不协调、节奏不分明、风格不突出、动作与音乐不和谐一致为"不好"
	⑧级	1.60～1.31	
	⑨级	1.30～1.01	

2.套路编排的评分

运动员完成套路时，根据规则"自选套路内容的规定"，每缺少一个规定的动作内容扣0.20分。结构、布局、音乐与规定不符者，根据不同程度扣0.10~0.20分（见表4-1-4）。

表4-1-4　自选项目演练水平编排错误内容的扣分标准

类　别	编排、音乐错误内容及扣分标准	编码
内容	规程规定的内容每缺少一项（扣0.20分）	01~09
	未按规定发声，或每增加或减少一次（扣0.20分）	80
结构布局	静止姿势（平衡动作除外）停顿时间超过3秒或太极拳、太极剑完成难度前出现停顿	81
	未运用场地四角位和中间位，每缺一方位者	82
	长拳、南拳及其器械套路中跳跃、跌仆类难度动作前的助跑步数超过4步	83
	两段中无规程规定的动作难度	84
音乐	要求配乐的项目未配乐或配乐伴有说唱（扣0.20分）	85

（三）C组裁判员评分方法

C组裁判员主要对运动员完成难度进行评判，总分2分，采用给分制。

其中动作难度1.40分。完成一个A级动作难度计0.20分，完成一个B级动作难度计0.30分，完成一个C级动作难度计0.40分。动作难度的累计分如超过1.40分，则按1.40分计算。每个动作难度的分值只计算一次。动作难度降分使用或仅计算动作难度分值时，只能放在最后。动作难度不符合规定要求，则不计算动作难度分。

连接难度0.60分。完成一个A级连接难度计0.05分，完成一个B级连接难度计 0.10 分，完成一个 C 级连接难度计 0.15 分，完成一个 D 级连接难度计 0.20 分。连接难度的累计分如超出 0.60 分，则按 0.60 分计算。每个连接难度的分值只计算一次。连接难度降分使用或仅计算连接难度分值时，只能放在最后。连接难度不符合规定要求，则不计算连接难度分（见表 4-1-5、表 4-1-6）。

表 4-1-5　自选太极拳、太极剑难度内容及等级与分值确定

动作难度					连接难度				
类别	等级	分值	内容	编码	类别	等级	分值	内容	编码
平衡	A 级	0.2	前举腿低势平衡	143A	动动连接	A 级	0.05	腾空飞脚 +（无步）腾空摆莲 360°	312A+（A）324B
			低势前蹬踩脚	142A	动静连接			旋风脚 360° + 起跳脚落地	323B+8(A)
			侧踹平衡	132A				腾空摆莲 360° + 起跳脚落地	324B+8(A)
	B 级	0.3	后插腿低势平衡	143B				腾空飞脚 + 起跳脚落地	312A+8(A)
	C 级	0.4	侧朝天蹬直立	113C	静静连接			低势前蹬踩脚 + 转体 180° 成提膝独立	142A+3(A)
腿法	A 级	0.2	分脚、蹬脚	212A				前举腿低势平衡 + 转体 180° 成提膝独立	143A+3(A)
跳跃	A 级	0.2	腾空飞脚	312A	动动连接	B 级	0.10	腾空飞脚 +（无步）腾空摆莲 540°	312A+（B）324C
	B 级	0.3	腾空正踢腿	312B	动静连接			腾空正踢腿 + 起跳脚落地	312B+8(B)
			腾空飞脚向内转体 180°	322B				腾空飞脚向内转体 180° + 提膝独立	322B+3(B)
			旋风脚 360°	323B				腾空飞脚 + 提膝独立	312A+3(B)
			腾空摆莲 360°	324B				腾空摆莲 360° + 雀地龙	324B+5(B)
					静静连接			后插腿低势平衡 + 摆莲脚转体 180° 成提膝独立	143B+3(B)
	C 级	0.4	旋风脚 540°	323C	动静连接	C 级	0.15	腾空摆莲 540° + 雀地龙	324C+5(C)
								旋风脚 360° + 提膝独立	323B+3(C)
								腾空摆莲 360° + 提膝独立	324B+3(C)
			腾空摆莲 540°	324C	动静连接	D 级	0.2	旋风脚 540° + 提膝独立	323C+3(D)
								腾空摆莲 540° + 提膝独立	324C+3(D)

25

表4-1-6 自选太极拳、太极剑难度完成不符合规定的确认

难度	类别	内 容	不符合规定的确认
动作难度	平衡	前举腿低势平衡；后插腿低势平衡	▲支撑腿大腿高于水平▲手扶按支撑腿
		低势前蹬踩脚	▲支撑腿大腿高于水平▲前蹬踩脚触地
		侧踹平衡	▲侧踹腿脚内侧低于肩 ▲上体侧倾超过45°
		侧朝天蹬直立	▲上蹬腿未达垂直▲上体侧倾超过45°
	腿法	分脚、蹬脚	▲上举腿脚跟低于肩
	跳跃	旋风脚360°；旋风脚540°	▲起跳前助跑超过1步▲转体度数不足 ▲里合腿的腿高未达水平
		腾空摆莲360°；腾空摆莲540°	▲起跳前助跑超过1步▲转体度数不足 ▲外摆腿的腿高未达水平
		腾空飞脚	▲起跳前助跑超过1步▲未腾空
		腾空正踢腿	▲起跳前助跑超过1步 ▲腾空上踢腿脚尖未触及前额
		腾空飞脚向内转体180°	▲起跳前助跑超过1步▲转体度数不足
连接难度	动动连接	腾空飞脚+（无步）腾空摆莲360°+雀地龙 腾空飞脚+（无步）腾空摆莲540°+雀地龙	▲跳跃动作之间出现助跑步数 ▲动作难度未完成 ▲两腿依次落地▲附加支撑、倒地
	动静连接	腾空飞脚+起跳脚落地 旋风脚360°+起跳脚落地 腾空摆莲360°+起跳脚落地 腾空正踢腿+起跳脚落地	▲击响（踢起）脚未单脚落地 ▲脚移动、跳动
		腾空飞脚+提膝独立 腾空飞脚向内转体180°+提膝独立 旋风脚360°+提膝独立 旋风脚540°+提膝独立 腾空摆莲360°+提膝独立 腾空摆莲540°+提膝独立	▲击响脚未单脚落地▲落地时脚移动、跳动 ▲提膝腿脚触地
		腾空摆莲360°+雀地龙 腾空摆莲540°+雀地龙	▲两腿依次落地▲附加支撑、倒地
	静静连接	低势前蹬踩脚+转体180°成提膝独立 前举腿低势平衡+转体180°成提膝独立 后插腿低势平衡+摆莲脚转体180°成提膝独立	▲连接过程中出现上体晃动 ▲脚移动、跳动▲转体度数不足

注：1.凡跳跃动作转体接跌雀地龙叉落地，均以起跳时转体方向同侧腿脚尖与脚跟连线的延长线和落地时异侧腿的轴线的延长线的夹角来计算转体度数。2.凡跳跃动作转体单脚落地，均以该脚起跳时和落地时脚尖与脚跟连线的延长线的夹角来计算转体度数。3.312A＋324B＋5、312A＋324C＋5必须在前一个跳跃动作两脚同时落地后直接起跳。4.静静连接中不得上步，以支撑脚转体前和转体后脚尖与脚跟连线的延长线的夹角来计算转体度数。5.单脚落地时，击响（踢起）脚和落地脚应为同一腿。6.动动连接中，动作难度未完成，其之前和之后的连接难度不予确认。7.连接难度被改变，动作难度和连接难度不予确认。

对于太极拳初学者来说，要搞清楚太极拳的难度动作非常难，要判定运动员完成难度动作的成功与否更难，但是我们可以简单了解一下我们常见的太极拳跳跃类难度动作有哪些。

第一个难度动作是：腾空飞脚 +（无步）腾空摆莲 540° + 雀地龙，是一个动动连接；

第二个难度动作是：旋风脚 360° + 提膝独立，是一个动静连接；

第三个难度动作是：腾空飞脚向内转体 180° + 提膝独立；

第四个难度动作是：腾空摆莲 360° + 提膝独立；

第五个难度动作是：腾空正踢腿 + 起跳脚落地。

竞技太极拳，也就是说竞技武术的裁判员学习是一个艰辛的过程，不仅要记住动作扣分的编码，还要临场反应快，这也需要时间的积累和场上打分经验的积累。有兴趣的同学可以进一步下载规则，深入学习，我们以后也会在平台跟大家分享打分经验和打分技巧。

竞技太极拳竞赛

第二节　太极拳的表演

一、竞技混双太极拳

近年来，竞技武术套路比赛增设了双人太极拳项目。竞技混双太极拳是男、女武术套路运动员采用双人太极拳演练的表现模式，体现套路编排、演练风格与难度动作的新兴竞赛项目。

竞技混双太极拳套路的艺术性需要借助具体形象或意念来传达，给人以感官视觉的刺激，其独特的感染力使观赏者情不自禁地被吸引，并能够引起观赏者情感上的共鸣，给人以美的享受。传统太极拳演练突出技法特点，重视套路招式，是单纯的太极拳技能展示。竞技混双太极拳在传统太极拳陈式、杨式、吴式、武式、孙式等五大流派技法基础上，经过提炼、编排、创作，融入了相应的艺术元素。单纯的武术太极拳技法动作是抽象的、写意的，艺术元素的融入犹如给原本形式单一的套路演练注入了新鲜血液，融入艺术元素后的套路演练富有艺术感染力、生命力和情感体验，使其能够凸显太极拳独特的艺术效果。竞技双混太极拳每个套路都是一个完整的故事，更显演练效果的意境之美，它将太极拳中的刚柔相济、连绵不断、轻灵沉稳、中正安舒、松静自然等技术形态体现得淋漓尽致，更显"韵不断意无穷"的演练艺术效果。

传统的武术套路演练是武术技能的再现，与情感毫无关系，而竞技混双太极拳经过多次竞赛的磨炼，集多种演练要素与技能展示于一体，通过剧情设计、音乐渲染、服装烘托、动作设计等，通过整套动作演练可以感知内在丰富的情感体验。竞技混双太极拳套路演练有血有肉的整体展现远胜于传统的武术套路技能再现，使观赏者产生或喜、或悲、或愉悦、或忧伤的情感体验，跟随着演练者的节奏跌宕起伏，有身临其境之美。

竞技混双太极拳套路演练与传统太极拳之大不同在于故事情节的选取与套路创编。经济社会快速发展的今天，物质文明不断提高，社会压力也逐步增大，人们迫切需要在自然、恬静、宽容的思想环境下生活，精神需求促进了太极拳的发展。单一的传统太极拳比赛单一而枯燥，很难得到观众的认同和喜爱，竞赛场中除了运动员与裁判员，观众寥寥无几。太极拳套路演练需体现时代性与多元化，竞技混双太极拳的剧情创编其灵感来源于生活，需体现主题思想、人物情感，以及与专业技术有效融合，套路创编是竞技混双太极拳套路的再创作。近年来竞技混双太极拳成功将《红高粱》《泰坦尼克号》《梁山伯与祝英台》等银幕或舞台形象与剧情融入混双太极拳中，整套动作完整流畅，通过太极拳技法动作的身法、手法，体现太极拳套路演练的阴阳虚实、起伏转折、松静自然、连绵不断。通过剧编创设故事情景，经过剧情创编后的太极拳套路演练内容更加丰富，情感体现更为动人，整套动作演练向观众娓娓道来一个完整的故事，随着剧情的不断深入，观众的心情也随之起起落落。竞技混双太极拳套路富有艺术感染力，使观众身临其境，欣赏太极拳专业技能的同时，也能够产生情感上的共鸣，更多的参与感给人带来精神上的享受，一改往日赛场只有技术而无情感体验、枯燥沉闷的赛场氛围。

竞技混双太极拳通过音乐、服装、气韵、节奏、劲力等各种太极元素与艺术审美元素充分融合，向观众展示了内涵丰富、多姿多彩的太极拳艺术境界。这种复杂性系统构建于武术竞技赛场之中，不仅立足于太极拳的发展，还得到了观众的欣赏与认同。竞技混双太极拳的艺术元素融入与体现太极拳的技击性应该是相辅相成，互为映衬，是更高水准的融合，是高层次的融会贯通，充分体现和谐、自然的太极观。

竞技混双太极拳

二、集体太极拳比赛和表演

我们根据不同的表演或比赛任务进行创编，任何一个套路的创编与编排，都是一项无比艰难的工作，要达到理想的创编效果，使得太极拳具体项目的成套动作具有一个较高的水平，还要适合运动员进行比赛和表演。因此，套路的编排需要一个长期的过程。创编前要了解比赛和表演规则与要求，以及场地的规格，这是创编的依据。同时，还需要了解运动员所具有的特点和特长、技术水平、气质类型、身体条件、运动能力及他们展现自我的能力等。

具体的编排工作步骤：

第一，选择合适的音乐。优美动听的音乐是太极拳集体项目表演的灵魂。优美的音乐不但有助于运动员突出自己的风格，在场上较好地把握节奏，更能引起观众的共鸣和裁判员的注意，甚至可以影响到裁判员的打分。太极拳集体项目的音乐有时间限制，时间虽短，但也应设计成几段，段落之间有变化和强弱的对比。音乐的设计要和整套动作相适应，动作刚猛有力时，音乐也适逢高潮部分。太极拳集体项目的音乐编排，通常是根据成套动作来选择乐曲，在选择时，可以是一首完整的乐曲，也可以是几首相近的音乐糅合在一起，还可以选择一首乐曲中的几个段落进行合理编辑。

第二，合理的动作设计。

要根据比赛规则和表演所要求的难度动作强度、推手摔法、队员之间的配合、队形变换移动来进行编辑。关于成套动作的设计，要科学合理地设计开始部分、主体部分和尾声部分。关于开始部分称为凤头，应编排得别致新颖，引人入胜。同时，在设计动作时还要兼顾"巧"，巧就是巧妙，它可以是一些巧妙的身体动作，也可以是一些巧妙的移动路线，还可以是巧妙的配合变化等。

第三，队形的变化。

队形转变要自然、巧妙，在完成动作的过程中进行变化。成套搭配动作时应画出草图，让运动员在场上做出来再看实际效果。转变过程中要注意让观众和裁判员清晰地观看和感受到队形和路线变化。在比赛中，要把最漂亮的造型留给裁判员和观众，绝不能背向或反方向。

在整套动作编排完成后，需要运动员不断训练，在训练过程中检查是否符合要求，检查整体的视觉效果如何。找出了问题的所在，就需要去修改，再去实践，但是在进行修改时，不能做出太大的改动，主题的框架不能改动，要给运动员留出足够的时间进行反复训练，这样才能提高运动员的动作熟练度及完成动作的质量。

当全部动作都确定后，最后需要完善的就是所有运动员的面部表情和眼神了。在套路中除了要节奏清晰，动作整齐划一，还应要求所有运动员对他们的表情进行设计及定位。在运动员对成套动作熟练掌握以后，就应根据每一个段落情节以及音乐的强弱变化设计出运动员的脸部表情。除了可以真正达到整齐一致外，更可以渲染场上气氛，使动作更富于感染力。

总之，太极拳集体项目的动作编排，不仅要严格遵守竞赛规则的要求，更重要的是在规则指导下，最大可能地发挥全体运动员的作用。因此，集体太极拳的套路编排者应不断提高自己的文化素养和艺术修养，要从舞蹈、音乐、文学、美术等艺术领域中汲取营养，获取更多、更新的专项信息。同时，应注意丰富和提高运动员的文化知识和艺术修养，使他们成为思维敏捷、想象力丰富的优秀太极拳专业人士，成为有文化、有修养的有用之才。

集体太极拳
比赛和表演

第五章

太极拳健康与养生

第一节　太极拳运动与健康

太极拳对身体健康的影响很大，接下来我们从几个方面来科学阐述太极拳对人的身体器官与系统的积极影响。

一、太极拳运动对心血管的影响

1956 年，北京体育学院用现代科技对坚持每天晨练太极拳一年以上的 60 名高血压患者进行练拳前后的实验研究。

练拳前锻炼者的平均血压为：（收缩压）160.5/（舒张压）96.1mmHg。

练拳后锻炼者的平均血压为：（收缩压）147.8/（舒张压）90.2mmHg。

练拳后锻炼者的平均血压下降：（收缩压）12.7/（舒张压）5.9mmHg。

收缩压和舒张压明显下降，有效缓解高血压的症状。

究其原因，主要是练习太极拳时大脑中枢神经在松静的要求下镇定地指挥动作，全身肌肉放松所引起血管壁反射性放松协调下，大量开启轮换开放毛细血管网，微循环增强，供血也得到了增加，起到了疏通血管循环的作用。练太极拳时两腿在半蹲的情况下前进或者后退，致使下肢肌群反复拧裹，对下肢血管壁产生良好的全面挤压作用，使其更有力地收缩和舒张，使下肢血液顺利返回心脏，心脏有更充足的血液贯注全身，从而更有效地改善全身的血液循环，减少了脂类物质在冠状动脉壁上的沉积，是减少动脉硬化、高血压、冠心病发生的重要原因之一。

二、太极拳运动对呼吸系统的影响

练习太极拳要求呼吸与动作自然配合，要做到均匀、细、深、长的腹式呼吸，这对保持肺组织弹性、发展呼吸肌、改善胸廓活动度、增强肺活量、提高肺的通气和换气功能有良好的作用。太极拳强调丹田内转，实质上是锻炼腹式呼吸。腹式呼吸与肺呼吸相结合，从而加大了肺活量。相关研究表明，胸呼吸一次吸入空气约500mL，而结合腹式呼吸一次吸入的空气量为 1000 ～ 1500mL。呼吸量的加大，可以充分地进行气体交换，有利于肺组织健康。长期坚持练拳者，呼吸频率减少，呼吸和肺活量都比一般人大，这对慢性支气管炎、肺气肿、肺结核有一定的防治作用。

三、太极拳运动对于消化系统的影响

练习太极拳时由于神经系统活动能力的提高，可以改善其他系统的机能活动。膈肌和腹肌活动对于肝脏和消化道的"按摩"，促进了肝内血液循环，提高了肠胃扩张、蠕动、消化和吸收的能力。因此，练太极拳不仅使食欲增进，减少了便秘现象，而且对溃疡病、痔疮、慢性肝炎等都有一定改善作用，从而促进人体健康发展。

四、太极拳运动对骨骼、肌肉及关节活动的影响

练习太极拳时要求"含胸拔背，松腰敛臀"，腰脊为第一主宰，这说明练太极拳与腰部活动有着密切关系。经常练习太极拳可以防止脊椎畸形、驼背，有效缓解腰椎间盘突出。练拳时两腿在半蹲位的虚实交替变换，由于动作似"行云流水"，缓慢而匀速地轮流用一条腿支撑全身的重量，运动量较大，而腰以下所有肌群、肌腱、骨骼、韧带通力负担。所以久练太极拳的人，腿部肌肉较为发达，且下肢有力。常言道"人老先老腿"，所以常练太极拳的中老年人下肢关节较为灵活，走路轻灵，可防止摔跤。由于气血相通，可以有效地防止常见的腰椎骨质增生、跟骨骨质增生、变形性膝关节病等退形性病变疾病。

五、太极拳运动增加神经系统的灵敏性

太极要求"心静意定"，练拳时必先令大脑皮层休息（心静），将协调全身内外器官机能的任务交由中枢神经系统执行，加强了神经系统的灵敏性。

太极拳运动与健康

太极拳运动是我国劳动人民的智慧结晶，它充分发挥了其自身的健身和医疗的价值，不仅能增强人们的体质，还可以辅助治疗多种疾病，能排解人们心中的各种压力，对人的心理、身体都有良好的影响。

第二节　太极拳运动与养生

太极拳不仅是一种锻炼运动，更是一种很好的养生方式。

太极拳作为一项全身运动，虽然缓慢，但能活动全身各个部位，配合呼吸的调节，能让全身进行全面的有氧运动。太极拳是在腰脊带动下的全身运动。按照中医理论，畅通经络、血管、淋巴系统——因练太极拳的时间不会太短，故像一般的有氧运动一样，能使血气运行顺畅。练了一段时间，会察觉有指尖微微发麻、关节微响、针刺、腹鸣等感觉。中国医学理论认为这是经络畅通的反应。脏腑是由许许多多的经络联结在一起的，每条经络都有若干个穴位，这些穴位相当于气血的能量库，调节它不仅能防病治病，而且可以改善人的生命质量。

根据中医理论，运动就像是对穴位进行按摩，能疏通脏腑的气血，达到内病外治的目的。因为通过运动，脊柱得到了活动，能为各个部位进行供血，防止气血堵塞引发的疾病。临床诊治颈椎、胸椎、腰椎疾病中，有一半的病人伴有自主神经紊乱和相应的内脏疾病，当脊椎病治好后，这些相应的脏器疾病也就治愈了。太极拳是一种以腰脊为主的运动方式。它要求以腰为主导，腰椎一动，全身上下都要跟着运动。配合拳势呼吸及内气鼓荡，使脊柱有节律地伸缩张弛，只要脊柱一动，处在脊柱周围脏腑的腧穴就得到按摩和锻炼，尤其是腰脊命门的两边，腰眼的前折后迭更为激烈，使两肾得到非常有益的按摩，从而增强丹田气，疏通脏腑的气血，达到健身治病的目的。只有丹田气饱满，才能阴平阳秘，固命之本。

丹田的气是生命的根本，是协调阴阳、抗御病邪侵袭的关键。就运动与生命的关系而言，历来说法不一，通常认为，生命在于运动，其理取自流水不腐、户枢不蠹。也有人认为生命在于多静，以减少机体的磨损和功能的消耗，持此观点者，多以龟龄鹤寿作比。实际上这两种观点都有道理，关键在于动与静不可偏废。

生命在于运动不错，但超负荷的剧烈运动无疑会使机体疲劳早衰；而多静少动者，往往消化不良，食欲不振，四肢乏力，精神萎靡，病气易侵。所以说，过分地强调动或过分地主张静，均对人体健康不利，只有运动适度、动静相间才有益于健康。

太极拳行功走架进退往来为动，但用意不用拙力，消耗不大，就心境而言，行

理论篇

功走架中强调放松入静。这里所说的"静"，是指走架或推手时须摒弃杂念，动中求静，神意专注，以一念代万念，所以说外形虽动心犹静。太极拳的这种独特运动方式对保持人体机能的平衡有很好的作用，故而久练可使人延年益寿。

众所周知，清心寡欲的人多高寿，反其道而行者往往早亡。松、静、空、灵能陶冶超然脱俗的心境的原因是多欲之人必多求，多求之人较贪饮、贪食。多忧、多虑、多思、多恼、多惊、多恐，凡欲多必伤。中医认为哀伤神、怒伤肝、忧伤肺、思伤脾、虑伤心、恐伤肾、食多伤胃。

太极拳的锻炼过程就是调节心性的过程。行功走架时，身心各部讲究松、静、空、灵，举手投足、身形变换贵在顺其自然，故而进退往来，状若行云流水，身心俱佳。从科学角度讲，人体健康并不单指身体的健康，还包括心理的健康。太极拳不论是对人们生理的健康还是心理的健康都有很好的功效。可以说，太极拳是一项科学的养生运动。

太极拳运动与养生

第三节　太极拳运动与康复医学

康复医学是一门研究对伤、病、致残者在身体功能上、精神上、心理上和职业上的康复的医学学科。一个人的伤病及其后遗症可能无法消除，但是经过康复治疗，仍然可以使其生活自理的功能或参与社会活动的能力达到最佳状态，这就是康复的作用。而太极拳正是在生理和心理上能一定程度帮助患者康复的手段。

一、太极拳运动对糖尿病的康复作用

孙大爷在 2016 年确诊为糖尿病，从那以后他便开始学习太极拳。每天晚上吃完饭 1 小时后就去打太极拳，每次持续太极拳运动 40 分钟，他发现这样的运动方式控糖效果很不错。有科学研究表明，中老年患者练习 12 周太极拳后，其血糖水平和代谢综合指标都有明显改善。Ⅱ型糖尿病患者连续打太极拳 12 周后，其糖化血红蛋白水平有所降低，体内的 T 淋巴细胞也有所增加，这种细胞有助于保持免疫系统功能

的正常。

二、太极拳运动对心脑血管疾病康复作用的原理

随着年龄的增长，老年人的血液容易出现浓、黏、凝的不良状态，临床上称为高黏血症，可导致微循环的血管形成血液流变学异常，直接影响组织器官的生理功能，导致脑血栓、高血压、冠心病、动脉粥样硬化等多种心脑血管疾病。太极拳运动节奏缓慢，强度低，坚持太极拳锻炼，锻炼过程维持有氧代谢，可扩张血管平滑肌、降低外周阻力、降血脂及降低血浆黏度，从而改善血液流变学及高血压临床症状。常年坚持太极拳运动可以增强心血管系统的保护机制，并可以改善以血黏度为代表的血液流变学指标。因此它能增强血液及淋巴循环，减少体内淤血。通过练习太极拳能加强心脏功能、肌肉的活动保证率，静脉血液回流，呼吸运动同样加速静脉的回流。太极拳的动作舒展，且有意识地使呼吸与运动适应，这就能更好地加速血液和淋巴的循环。

三、太极拳对早期帕金森病的影响

帕金森病严重危害着中老年人的身体健康和生活质量。目前药物治疗尚不能完全治愈帕金森病。2009 年 10 月至 2010 年 6 月，40 名帕金森病患者进行为期 9 个月的太极拳训练。实验表明，太极拳运动比步行对帕金森病患者的康复作用更好，通过太极拳运动可以有效改善帕金森病患者的症状，可以较好地控制运动障碍，改善平衡，防止跌倒。

四、太极拳运动对于治疗慢性消化管道疾病的原理

练习太极拳时，各关节、肌肉、骨骼会相互牵引、绞缠、挤压和舒张，内脏又因腹式呼吸而产生自我按摩的作用；加上横膈上下升降幅度增大，对肠的蠕动有正面的刺激作用；而舌顶上腭，唇齿轻闭能增加唾液的分泌，提高了消化功能。此外，太极拳中对呼吸运动要求深呼吸，且要"气沉丹田"，这是一种腹式呼吸，它在医疗上与保健上的作用都很大，膈肌与腹肌的收缩与舒张，使腹压不断改变。腹压增高时，腹腔的静脉受到压力的作用，把血液输入右心房，当腹压降低时，血液则向腹腔输入，这样呼吸运动就可以改善血液循环的状况。此外，膈肌的运动又可以起到按摩肝脏的作用，是消除肝脏淤血、改善肝脏功能的良好方法。更重要的是，在太极拳的练习过程中，由于肌肉活动，体力的负担可以使心脏冠状动脉反射性扩张，毛细血管内的氧化与还原作用加强，这样就加强了心肌的营养，为预防心脏疾病及动脉硬化建立了良好条件。因此，从事脑力劳动的人如能经常练习太极拳，无疑可

理论篇

以增加运动强度，延长寿命。

五、太极拳运动对肩周炎的康复作用

中医强调气血津液贵于流通，太极拳运动可以有效改善肩部周围血液循环，促进物质代谢，关节梳理，气血畅通。太极拳是一项有氧运动，其动作连贯、圆活，周身节节贯穿，更是对全身肌肉筋膜关节的很好疏通。太极拳运动治疗肩周炎，符合中医的阴阳、经络、气血理论，是一个不错的疗法。太极拳运动是一种防治肩周炎的好方法，该方法简单、经济、实用，值得临床推广。

临床上还有大量的实验数据证明，太极拳运动对于偏瘫、脑卒中、脊髓损伤、慢性阻塞性肺疾病等疾病都有良好的康复作用。

综上所述，太极拳可以通过控制身体对抗疾病，使自身达到一个最好的状态，这和康复医疗使人达到最好的身体状态是不谋而合的。太极拳在康复治疗上的作用是显而易见的，是有理可依的，在今后的康复治疗中也将得到更广泛的应用。

太极拳运动与康复医学

技术篇

太 极 拳 初 级

太

极

拳

初

级

第六章

太极拳基本技术和要领

第一节　太极拳桩功练习方法

站桩，是太极拳特有的练功方法，不管是初学者还是长期坚持太极拳练习者都要非常重视站桩的功法练习，因为太极拳讲究以意行拳，要将意念与拳势动作结合起来，通过站桩达到调身、调息、调心的功效，并增强下肢力量，使膝关节得到锻炼，凡是想在太极拳的功力和健身方面有所收获者，都应该重视桩功的练习，在桩功上下功夫。下面介绍三种基本的桩功练习方法，比较适合初学者练习。

一、太极桩

太极桩的动作要领是站平行步，即两脚开立同肩宽，两腿屈膝半蹲，重心落于两腿之间；两臂在胸前捧圆，手指自然舒展，掌心向内，指尖相对，约距10厘米。目视两手之间。

要求： 立身中正，头正悬顶，下颏微收，沉肩垂肘，松腰敛臀，膝脚相对。呼吸自然，意守丹田，心静，体松。

二、开合桩

开合桩的动作要领是站平行步，两腿自然伸直，从太极桩动作开始，两手五指指尖相对，徐徐向外拉开，使两臂与胸部连成大弧形，如抱大球状，目视前方。然后，两腿缓缓屈膝半蹲，重心落两腿之间，同时两掌向内相合，与头同宽，掌心相对，指尖朝前，目视两掌中间。

要求：开吸合呼，起吸落呼。呼吸要深、长、匀、细，动作要柔和、饱满，开时要像两手中指指尖系橡皮筋向外柔缓地拉开，很好地体现"运劲如抽丝"；合时好比挤压打足气的大气球一般。

三、升降桩

升降桩的动作要领是站平行步，两腿自然伸直。"升"时两臂慢慢向前平举，与肩同高、同宽，自然伸直，肘微下垂，手心向下，指尖向前。"降"时两腿缓缓屈膝半蹲，两掌同时下按至与腹部同高，两掌与两膝、两脚均相对。目随手而动。

要求：呼吸为升吸降呼，上下肢配合为举臂伸腿，按掌屈膝。

桩功的八大基本要求：

（1）**头宜正**：头居人体最高处，为人身之君，是一身之主宰，不宜倾斜，俗语讲："上不正，则下斜"，头正神清，神态端庄，收颔直颈而其头必然正直。

（2）**肩宜顺**：顺肩者，两肩向左右的方向平而顺之，意在肩骨均衡、平行、舒展地向左右伸张，毫无拘禁、高耸之状，以合出劲之态，这也是桩功的基本架式要求。

（3）**胸宜出**：出胸者，人之威严在于胸，出胸不是挺胸，出胸以壮神威，挺胸则有失中正，出胸有利于腰的灵活，腰部灵活，则身体轻灵，周身合力易成。

（4）**腰宜稳**：腰，为人体的中心主宰，是人体四肢上下运动的纽带，乃重心之所系。因此，腰肢最要紧的是稳，稳而厚重则坚实，上、下行气不滞，则出劲不空。

（5）**足宜坚**：足坚者，两足放平，大趾内侧用力向下扣，使脚部稳稳地立于地上，古语言：百力皆发于脚，足之坚稳否，将直接影响步法、身型、发力的能力。练时，必使筋络舒展，不可用拙力，否则足便不稳。

（6）**膝宜曲**：膝要善曲，而曲中求直，则为下盘稳固之道。两膝微曲而上、下伸展，使筋脉舒展，而下盘则坚。练时切不可用后天之拙力，拙力一生则足吃重力，便失之大地之稳重。要知膝之拙力一生，真气运行受到阻滞，身体不舒，身体关节即失之灵活，练习要有外撑之意。

（7）**手宜抱**：抱元守一，是练太极内功的具体要求。行功时，两手要向前合抱，犹如老翁抱树。肘曲、腕平、五指自然分开，此乃站太极桩基本姿势，行功时，要尽量使肘臂平行舒展，以达筋肉伸展，真气运行自如之目的。

（8）**脊骨直**：脊骨是人身体的支撑所在，其内是众多神经的通道，是支配人体活动、意识传导的主要途径。因此，此通道越是平直，则越利于神经意识的传导，而使人动作敏捷，背直则腰易下，则身体上身松弛，气息畅通无碍。

太极拳的桩功练习方法

第二节　太极拳基本技术和要领

太极拳的基本技术主要包括手型、手法、步型、步法、腿法、身型以及眼法。

一、手型

1. **拳**：五指卷曲、自然握拢，拇指压于食指、中指第二指节上。

2. **掌**：五指微屈分开，掌心微含，虎口成弧形。

3. **勾**：五指第一指节自然捏拢，屈腕。

各种手型都要求用力自然、舒展，不可僵硬。握拳不要过紧；掌指不要僵直，也不要松软过屈；腕部要保持松活。

二、手法

1. **掤**：臂成弧形，前臂由下向前掤架，横于体前，掌心向内，高与肩平；着力点在前臂外侧。

2. **捋**：两臂稍屈，掌心斜相对，两掌随腰地转动，由前向后画弧捋至体侧或体后侧。

3. **挤**：后手贴近前手的前臂内侧，两臂同时向前挤出；挤出后两臂撑圆，高不过肩，低不过胸，着力点在后手掌指和前手的前臂。

4. **按**：两掌同时由后向前推按；按出后，手腕高不过肩，低不过胸，掌心向前，指尖朝上；臂微屈，肘部松沉。按时与弓腿、松腰协调一致。

5. **打拳（冲拳）**：拳从腰间旋转向前打出；打出后拳眼向上成立拳，高不过肩，低不过裆，臂微屈，肘部不可僵直，着力点在拳面。拳眼向上称为"立拳"，拳眼向侧称为"横拳"。

6. **贯拳**：拳从侧下方向斜上方弧形横打；臂稍屈，拳眼斜向下，着力点在拳面。

7. **搂掌**：掌经膝前横搂，停于胯旁，掌心向下。

技术篇

8. **推掌**: 掌从肩上或胸前向前推出, 掌心向前, 指尖向上, 指高不过眉, 低不过肩, 臂微屈成弧形, 肘部不可僵直。

9. **穿掌**: 掌沿另一手臂或大腿内侧伸出。

10. **云手**: 两掌在体前交叉向两侧划立圆, 指高不过头、低不过裆; 两掌在云拨中翻转拧裹。

11. **架掌**: 屈臂上举, 掌架于额前斜上方, 掌心斜向外。

各种手法均要求走弧形路线, 前臂做相应旋转, 不可直来直往, 生硬转折, 并注意与身法、步法协调配合。臂伸出后, 肩、肘要松沉, 腕要松活, 掌指要舒展, 皆不可僵硬或浮软。关于手法的着力点, 主要是说明其攻防含义, 练习中应注意不重力地去体现, 不可故意僵劲。

三、步型

1. **弓步**: 前腿屈膝, 大腿斜向地面, 膝与脚尖基本垂直, 脚尖直向前; 后腿自然伸直, 脚尖斜向前约45°~60°。两脚全脚着地, 两脚不要踩成一条线。

2. **虚步**: 后腿屈蹲, 大腿斜向地面 (高于水平), 脚跟与臀部基本垂直, 脚尖斜向前, 全脚着地; 前腿稍屈, 用前脚掌、脚跟或全脚着地。

3. **仆步**: 一腿全蹲, 全脚着地, 脚尖稍外展; 另一腿自然伸直于体侧, 接近地面, 全脚着地, 脚尖内扣。

4. **独立步**: 支撑腿微屈站稳, 另一腿屈膝提起, 举于体前, 大腿高于水平。

5. **开立步**: 两脚平行开立, 宽不过肩, 两腿直立或屈蹲。

6. **丁步 (点步)**: 一腿屈蹲, 全脚着地, 另一腿屈收, 脚停于支撑脚内侧或侧前、侧后约10厘米处, 前脚掌虚点地面。

各种步型都要自然稳健, 虚实分明。胯要缩, 膝要松, 臀要敛, 足要扣。两脚距离不可过大过小, 并须保持适当跨度, 尤其弓步步型, 两脚不要踩在一条线上, 以利松腰松胯、气沉丹田、稳定重心。

四、步法

1. **上步**: 后脚向前一步或前脚向前半步。

2. **退步**: 前脚向后退一步。

3. **撤步**: 前脚或后脚向后退半步。

4. **进步**: 两脚连续各前进一步。

5. **跟步**: 后脚向前跟进半步。

6. **侧行步**: 两脚平行, 连续依次侧移。

7. **盖步**：一脚经支撑脚前向侧方落。

8. **插步**：一脚经支撑脚后向侧方落。

9. **碾脚**：以脚跟为轴，脚尖外展或内扣；以前脚掌为轴，脚跟外展。

各种步法变换要求轻灵沉稳，虚实分明。前进时，脚跟先落地；后退时，前脚掌先落地，迈步如猫行，不可平起平落、沉重笨滞。两脚前后和横向距离要适当，脚掌或脚跟碾转要适度，以利重心稳定，姿势和顺。我们一般会在做专项准备活动的时候练习步法，然后配合手法作为太极拳的基础动作练习。

五、腿法

1. **蹬脚**：支撑腿微屈站稳，另一腿屈膝提起，小腿上摆，脚尖回勾，脚跟外蹬，高过腰部。

2. **分脚**：支撑腿微屈站稳，另一腿屈膝提起，然后小腿上摆，脚面绷平，脚尖向前踢出，高过腰部。

3. **拍脚**：支撑腿微屈站稳，另一腿向上摆踢，脚面绷平，手掌在额前迎拍脚面。

4. **摆莲脚**：支撑腿微屈站稳，另一腿自左向右上方弧形外摆，膝部自然微屈，脚高不超过肩部，脚背略侧朝右面，同时两掌自右向左迎着右脚面拍击。

六、身型

头——保持"虚领顶劲"，有上悬意念，眼要自然平视，嘴要轻闭，舌抵上颚；

颈——自然竖直，转动灵活，肌肉不可紧张；

肩——平正松沉，不可上耸、前扣或后张；

肘——自然弯曲沉坠，防止僵直或上扬；

腕——下沉"塌腕"，劲力贯注，不可松软；

胸——舒松微含，不可外挺或故意内缩；

背——舒展伸拔，称为"拔背"，不可弓驼；

腰——向下松沉，旋转灵活，不可前弓或后挺；

脊——中正竖直，保持身型端正自然；

臀——向内微敛，不可外突，称为"溜臀""敛臀"；

胯——松正含缩，使劲力贯注下肢，不可歪扭、前挺；

腿——稳健扎实，弯曲合度，转旋轻灵，移动平稳，膝部松活自然，脚掌虚实分清。

膝——伸屈柔和自然，膝关节和脚尖同向。

太极拳的基本技术和要领

七、眼法

眼法一般可分为随视和注视两种。随视主要是眼随手走，目视前方（前手）或动作的方向，做到全神贯注，意动势随，神态自然。注视是两眼瞪圆，定视正前方与眼等高的目标，眼神好似将目标看穿。如：在简化太极拳的搂膝拗弓步的动作，手画弧做格挡动作时用随视，眼睛跟着手走，最后弓步推掌时，眼睛注视，看前方推掌的手。

第三节 太极拳的准备活动

太极拳的准备活动通常包括两个方面：一是一般性准备活动；二是专门性准备活动。

一般性准备活动，主要是全面活动身体，使之迅速进入运动状态。主要做一些上肢、下肢、躯干、头、手、足等活动关节和拉长韧带的练习。一般性准备活动的内容，可根据年龄、身体机能、活动习惯实际情况确定。通常经过一定时间或长期活动自我形成一套习惯性练习；太极拳教师一般可相对固定一两套一般性准备活动套路；集体练习时，领练人也可根据群体的练习习惯领做一套形成习惯的练习。

太极拳专门性准备活动是通过练习进一步提高习练者身体的基本活动能力和专项活动能力，是保持和提高习武能力的重要手段。专门性准备活动可以与太极拳的基本功训练和基本技术训练有机结合。重点通过肩臂功、腰功、腿功和桩功的练习进行，根据太极拳的运动特点，专门性练习的重点应该是下肢，因为太极拳90%以上的动作都是缓慢、沉稳、连绵的双蹲屈蹲和屈伸动作。太极拳的动作中又有蹬脚、分脚、摆莲脚及下势等下肢大幅度慢速伸屈的动作。要求练习者具有较好的腿部静力性力量和较好的柔韧性，而这两种素质又是一般初学者所不具备和不足的。因此，在每次习练前的专门性准备活动中，要根据太极拳的特点，针对自己所欠缺的体能，并结合基本练习的需要进行有针对性的练习。

太极拳初学者主要做桩功、腿功及步法的专门性准备活动。对于桩功练习，前文已经有详细介绍，在这里不再介绍，接下来主要介绍腿功练习。

腿功的练习方法主要有压腿、踢腿和控腿等。

压腿是腿功的练习方法之一，主要是拉长腿部的肌肉和韧带，加大髋关节的活动范围。压腿的方法有正压、侧压、后压等。

1. 正压腿：面对肋木或一定高度的物体，并步站立。右腿提起，脚跟放在肋木上，脚尖勾紧，两手扶按膝上。两腿伸直，立腰、收髋，上体前屈，并向前、向下做压振动作。练习时，左右交替进行。

要求与要点：直体向前、向下压振；逐渐加大振幅，下压时两腿膝关节不可弯曲；压至有疼痛感时，可以停住不动，进行耗腿。

2. 侧压腿：侧对肋木或一定高度的物体，左腿支撑，脚尖微外展，右腿脚尖勾紧举起，脚跟搁在肋木上。左臂上举，右掌附于左胸前，两腿伸直，立腰、开髋，上体向右侧压振。练习时，左右交替进行。

要求与要点：直体向侧、向下压振。逐步过渡到上体侧卧在被压腿上。

3. 后压腿：背对肋木或一定高度的物体，并步站立。两手叉腰或扶一定高度的物体，左腿支撑，右腿举起，脚背搁在肋木上，脚面绷直，上体后屈并做压振动作。练习时，左右交替进行。

要求与要点：两腿挺膝，支撑腿全脚着地，脚趾抓地，挺胸、展髋，腰后屈。

4. 仆步压腿：两脚左右开立，右腿屈膝全蹲，全脚着地，左腿挺膝伸直，脚尖内扣。然后两手分别抓握两脚外侧，成左仆步。接着右脚蹬地，右腿伸直，重心左移，左膝弯曲，转成右仆步。

要求与要点：挺胸，踏腰、沉髋，左右移动尽量使臀部贴近地面，移动速度不要过快。

初学者的专门性准备活动还可以进行一些步法练习，特别是进步的步法练习，例如学了野马分鬃的动作之后，可以先练两趟进步步法，再配合手上的动作，这样就能更加强化动作。

踢腿。踢腿有正踢、侧踢、外摆、里合。

1. 正踢腿：起腿的胯根回抽，脚尖回勾，上踢脑门或双眼中间、鼻尖、嘴、下颌，初学者能踢到前额即可。

2. 侧踢腿：侧身勾腿上踢。

3. **外摆腿**: 摆腿从异侧起，脚经过面前向同侧摆落。

4. **里合腿**: 合腿从同侧起，脚经过面前向异侧合落。

踢腿练习时，要求勾起抿落、快起慢落，落腿宜轻，不以声响造势。两臂放松，不起强劲。外摆腿和里合腿都要求脚走弧形，腿出扇面。练习太极拳的腿功都要以腰胯带动，以心意的开合、蓄发引导出腿功的力度。

控腿。控腿动作有蹬脚和分脚、金鸡独立、单拍脚、双摆莲脚等。

1. **蹬脚和分脚**: 一腿独立，一腿屈膝上提，小腿上起，将脚蹬出或分出，在一定时间内保持姿势不变。两腿交替练习。整个动作要求立身中正，松腰胯，不起强劲，以开合蓄发引导动作的完成，关注动作的稳定性。再一个要领就是不能将蹬出或分出脚作为完成动作的目标，应能稳定收回腿顺畅连接下一个动作才是目的。

2. **金鸡独立**: 练习金鸡独立动作，除了上述独立动作的要领外，要进一步掌握的是，一侧下沉一侧上起。如：左腿独立，左掌下按，劲力从左脚引入地面，右掌向上挑起，牵动右膝上提。左右换式时也要掌握这一原则，即左腿屈膝下蹲，右侧松落，平稳转换重心至右脚，右侧腰、胯、膝部没有任何拙力，右脚踩地同时按右掌起左腿。

3. **单拍脚**: 支撑腿微屈，待起的腿脚掌落地，脚跟上提，双掌合抱。随之重心全部移到支撑腿，起腿脚面展平，由腰胯带动大腿及小腿上摆，力达脚面，同时双臂左右分展，以同侧手迎击上摆腿的脚面。注意拍完后保持身形稳定。左右可交替练习。合为蓄，分为发，蓄时心意、四肢和腰劲要合住，开时以内开促外开，从拍击的声音中可分辨出蓄发的劲力程度。

4. **双摆莲脚**: 右虚步步型，身势左转，右脚向左上起，双手在身体右侧稍沉，同时蓄劲；随即身势右转，用腰腿的横劲将右脚经面前摆出，同时双掌向左迎击右脚面。双摆莲脚练习时注意不要起强劲和长劲，要注意控制腿摆完后的收回动作，右膝提住，小腿自然下垂，全身放松，劲力沿左支撑腿向脚底松落。两腿交替练习。

太极拳初学者步法的专门性准备活动，包括进步、退步、侧并步等步法的练习，一般会配上手法动作，比如进步动作主要练习搂膝拗步、捋挤式等动作，退步动作主要以倒卷肱为主，侧并步主要是练习云手的动作。不同风格太极拳的步法、手法略有区别，初学者根据自己所学的太极拳风格进行步法的专门性准备活动。

太极拳的准备活动

第七章

太极拳初级套路

第一节　八式太极拳

八式太极拳也叫一段拳，是中国武术段位制初段位技术规定教程的一段太极拳，即初段位中的一段考评套路。共有 10 式（含起势、收势），全部采用杨式大架太极拳，吸取了杨式大架太极拳中最为主要和基础的 8 个动作。内容精炼、重点突出，易学易记，练起来轻松自如，行云流水，连绵不断，特别适合居家锻炼。

一、八式太极拳动作名称

起势

1. 倒卷肱

2. 搂膝拗步

3. 野马分鬃

4. 云手

5. 金鸡独立

6. 蹬脚

7. 揽雀尾

8. 十字手

收势

八式太极拳完整演练

二、八式太极拳动作要领

起势：并步站立开始，两脚开立，两臂前举，屈膝按掌（图 7-1-1 至图 7-1-4）。

图 7-1-1　　　　　图 7-1-2　　　　　图 7-1-3　　　　　图 7-1-4

1. **倒卷肱：**身体微右转，右手翻手摆掌，屈臂卷肱，前推后收，转身左手翻手摆掌，屈臂卷肱，前推后收（图 7-1-5 至图 7-1-10）。

图 7-1-5　　　　　　　　图 7-1-6　　　　　　　　图 7-1-7

图 7-1-8　　　　　　　　图 7-1-9　　　　　　　　图 7-1-10

2. **搂膝拗步**：右转腰摆手收脚，上步屈臂，弓步搂推；后坐摆脚，转腰摆手收脚，上步屈臂，弓步搂推（图 7-1-11 至图 7-1-18）。

图 7-1-11　　　　　　　　图 7-1-12　　　　　　　　图 7-1-13

图 7-1-14　　　　　　　　图 7-1-15　　　　　　　　图 7-1-16

图 7-1-17　　　　　　　　图 7-1-18

技术篇

49

3. **野马分鬃:** 转身坐腿分手，收脚抱球，转身上步，弓步分靠；坐腿撇脚转身，收脚抱球，转身上步，弓步分靠（图7-1-19 至图7-1-25）。

图7-1-19　　　　　　　　图7-1-20　　　　　　　　图7-1-21

图7-1-22　　　　　　　　图7-1-23　　　　　　　　图7-1-24

图7-1-25

4. **云手:** 摆手翻掌，转身左云，翻手收脚，转身右云，翻手出脚，转身左云侧翻手，转身右云，翻手收脚，转身左云，翻手出脚，转身右云，侧弓步翻掌（图

7-1-26 至 7-1-33 ）。

图 7-1-26　　　　　图 7-1-27　　　　　图 7-1-28

图 7-1-29　　　　　图 7-1-30　　　　　图 7-1-31

图 7-1-32　　　　　图 7-1-33

八式太极拳

　　5. 金鸡独立: 坐腿转腰落手，提右脚独立挑掌，落脚
落手，提左脚独立挑掌（图 7-1-34 至图 7-1-37 ）。

技术篇

图 7-1-34　　　　　　　　　　图 7-1-35

图 7-1-36　　　　　　　　　　图 7-1-37

6. 蹬脚：落脚抱手，提右膝抱手，分手蹬脚，落脚抱手，提左膝抱手，分手蹬脚，落脚抱球（图 7-1-38 至图 7-1-43）。

图 7-1-38　　　　　图 7-1-39　　　　　图 7-1-40

图 7-1-41　　　　　图 7-1-42　　　　　图 7-1-43

7. 揽雀尾: 转身上步,右弓步前掤,提左手旋臂,后坐下将,转身后将,转腰搭手,弓步前挤,弓步(平分)抹掌,后坐引手,弓步前按(图 7-1-44 至图 7-1-54)。

图 7-1-44　　　　　图 7-1-45　　　　　图 7-1-46

图 7-1-47　　　　　图 7-1-48

图 7-1-49　　　　　　　　　　图 7-1-50

图 7-1-51　　　　　　　　　　图 7-1-52

图 7-1-53　　　　　　　　　　图 7-1-54

　　转身分手扣脚，收脚抱球，转身上步，弓步前掤，提右手旋臂 ，后坐下捋，转身后捋，转腰搭手，弓步前挤，弓步（平分）抹掌，后坐引手，弓步前按（图7-1-55至图7-1-65)。

图 7-1-55　　　　　　　　　图 7-1-56　　　　　　　　　图 7-1-57

图 7-1-58　　　　　　　　　　　　　　图 7-1-59

图 7-1-60　　　　　　　　　　　　　　图 7-1-61

图 7-1-62 　　　　　　　　　　　图 7-1-63

图 7-1-64 　　　　　　　　　　　图 7-1-65

8. 十字手: 撇右脚,右弓步分手,扣右脚,左弓步掤掌于胸前,收右脚、两脚
成开立步,两手举抱(图 7-1-66 至图 7-1-68)。

图 7-1-66 　　　　　　图 7-1-67 　　　　　图 7-1-68

收势：翻掌分手，垂臂落手，并步还原（图 7-1-69 至图 7-1-72）。

图 7-1-69　　　　　　图 7-1-70　　　　　　图 7-1-71　　　　　　图 7-1-72

八式太极拳

第二节　太极八法五步

国家体育总局武术运动管理中心推出的太极拳八法五步，是继八式太极拳、简化二十四式太极拳之后的又一个更加简化的较为理想的太极拳入门套路。太极拳八法是指：掤、捋、挤、按、采、挒、肘，靠八个基本招式；五步是指：进、退、顾、盼、定，即前进、后退、左顾、右盼、中定。太极拳八法五步可分为两个部分：定步动作和动步动作。

一、太极八法五步动作名称

1. 起势	2. 左掤势	3. 右捋势
4. 左挤势	5. 双按势	6. 右采势
7. 左挒势	8. 左肘势	9. 右靠势

技术篇

10. 右掤势　　　　11. 左捋势　　　　12. 右挤势

13. 双按势　　　　14. 左采势　　　　15. 右挒势

16. 右肘势　　　　17. 左靠势　　　　18. 进步左右掤势

19. 退步左右捋势　20. 左移步左挤势　21. 左移步双按势

22. 右移步右挤势　23. 右移步双按势　24. 退步左右采势

25. 进步左右挒势　26. 右移步右肘势　27. 右移步右靠势

28. 左移步左肘势　29. 左移步左靠势　30. 中定左右独立势

31. 十字手　　　　32. 收势

太极八法五步完整示范

二、太极八法五步动作要领

1. **起势：** 身体自然站立，左脚向左侧横跨一步，两臂由体侧向前、向上平举，随后屈膝下蹲，两手慢慢下按。头正颈直，目视前方（图7-2-1至图7-2-5）。

图7-2-1　　　　　　　图7-2-2　　　　　　　图7-2-3

图 7-2-4　　　　　　　　　图 7-2-5

　　2. **左掤式**：身体右转，右手向上画弧至胸前，左手至腹前，两掌心相对呈抱球状；随后身体左转，左臂向前掤出，右手下按至右胯旁；目视前方（图7-2-6至图7-2-7）。

图 7-2-6　　　　　　　　　图 7-2-7

　　3. **右捋式**：身体右转，两掌旋臂翻掌以腰带臂，向下、向外画弧捋带；目视右侧（图7-2-8至图7-2-9）。

　　4. **左挤式**：身体左转，两掌相叠收至胸前，随后向前横挤，左手在外，左掌心朝内，右掌心朝外；目视前方（图7-2-10）。

图 7-2-8　　　　　　　图 7-2-9　　　　　　　图 7-2-10

5. 双按式：两掌翻掌分开，掌心向下，随后两掌由前向后、向下、向前画弧推按；目视前方（图7-2-11至图7-2-14）。

图7-2-11　　　　图7-2-12　　　　图7-2-13　　　　图7-2-14

6. 右采式：身体右转，两掌变拳随转体向下抓握采拉；目视右下方（图7-2-15至图7-2-17）。

图7-2-15　　　　　图7-2-16　　　　　图7-2-17

7. 左捯式：身体左转，两拳变掌随转体向前、向左横向捯带，右掌心朝上，左掌心朝外；目视前方（图7-2-18至图7-2-19）。

图7-2-18　　　　　图7-2-19

8. **左肘式**：身体右转，左手变拳屈臂用左肘向前方撞击，右手附于左臂外侧；目视前方（图 7-2-20）。

9. **右靠式**：身体左转，右手变拳屈臂撑圆，用右肩臂向前靠击，左拳变掌收至右肩旁；目视前方（图 7-2-21）。

图 7-2-20　　　　　　　　　图 7-2-21

10. **右掤式**：身体左转，左手向上画弧至胸前，右手收至腹前，两掌心相对呈抱球状；随后身体右转，右臂向前掤出，左手下按至左胯旁；目视前方（图 7-2-22 至图 7-2-23）。

11. **左捋式**：身体左转，两掌旋臂翻掌，以腰带臂，向下、向外画弧捋带；目视左侧（图 7-2-24 至图 7-2-25）。

图 7-2-22　　　　　图 7-2-23　　　　　　图 7-2-24　　　　　图 7-2-25

12. **右挤式**：身体右转，两掌相叠收至胸前，随后向前横挤，右手在外，右掌心朝内，左掌心朝外；目视前方（图7-2-26至图7-2-27）。

图7-2-26　　　　　　　　　图7-2-27

13. **双按式**：两掌翻掌分开，掌心向下；随后两掌由前向后、向下、向前画弧推按；目视前方（图7-2-28至图7-2-31）。

图7-2-28　　　　图7-2-29　　　　图7-2-30　　　　图7-2-31

14. **左采式**：身体左转，两掌变拳随转体向下抓握采拉；目视左下方（图7-2-32至图7-2-33）。

15. **右捯式**：身体右转，两拳变掌随转体向前、向右横向捯带，左掌心朝上，右掌心朝外；目视前方（图7-2-34至图7-2-35）。

图 7-2-32　　　　　图 7-2-33　　　　　图 7-2-34　　　　　图 7-2-35

16. 右肘式：身体左转，右手变拳屈臂用右肘向前方撞击，左手附于右臂外侧；目视前方（图 7-2-36）。

17. 左靠式：身体右转，左手变拳屈臂撑圆，用左肩臂向前靠击，右拳变掌收至左肩旁；目视前方（图 7-2-37）。

太极八法五步

图 7-2-36　　　　　　图 7-2-37

18. 进步左右掤式：身体右转，左脚向前上步成左弓步，同时两掌收于胸腹前呈抱球状，并随重心前移。向右掤式转换时 (图 7-2-38 至图 7-2-41)。

图 7-2-38　　　　　图 7-2-39　　　　　　图 7-2-40　　　　　图 7-2-41

技术篇

进步左掤手：左臂向下向前掤出，右手下按至右胯旁；目视前方（图7-2-42至图7-2-43）。

图7-2-42 图7-2-43

进步右掤手：身体中心后坐，左脚外摆，然后跟步抱球，其余动作与左掤动作相同，唯方向相反（图7-2-44至图7-2-48）。

图7-2-44 图7-2-45 图7-2-46

图7-2-47 图7-2-48

19. **退步左右将式：** 重心后移，身体左转，以腰带臂，两掌向下、向左画弧将带；目视左侧。右将式动作与左将式动作完全相同，唯方向相反（图7-2-49至图7-2-53）。

图 7-2-49　　　　　　图 7-2-50　　　　　　图 7-2-51

图 7-2-52　　　　　　图 7-2-53

20. **左移步左挤式：** 重心移至右腿，左脚向左侧开步，脚掌着地，随后重心移至左腿，右脚跟步，两掌相叠经胸前向左侧横挤，左手在外，掌心朝内；目视左侧（图7-2-54至图7-2-56）。

图 7-2-54　　　　　　图 7-2-55　　　　　　图 7-2-56

21. **左移步双按式:** 左脚向左侧开步,脚跟着地,随后重心移至左腿,身体左转,右脚跟步,同时两掌由展开随转体经胸向前按出;目视前方(图 7-2-57 至图 7-2-59)。

图 7-2-57   图 7-2-58   图 7-2-59

22. **右移步右挤式:** 左脚扣脚,右脚向右开步,脚掌着地,随后重心移至右腿,左脚跟步,同时两掌相叠经胸前向右侧横挤,右手在外,掌心朝内;目视右侧(图 7-2-60 至图 7-2-62)。

图 7-2-60   图 7-2-61   图 7-2-62

23. **右移步双按式:** 右脚向右侧开步,脚跟着地,随后重心移至右腿,身体右转,左脚跟步,同时两掌由展开随转体经胸向前按出;目视前方(图 7-2-63 至图 7-2-65)。

图 7-2-63　　　　　　　图 7-2-64　　　　　　　图 7-2-65

　　24. 退步左右采式: 右脚扣脚，身体左转，随后左脚向后撤步，同时随重心后移，两掌变拳由前向下采拉；目视前下方。右采式动作与左采式动作完全相同，唯方向相反 (图 7-2-66 至图 7-2-71)。

图 7-2-66　　　　　　　图 7-2-67　　　　　　　图 7-2-68

图 7-2-69　　　　　　　图 7-2-70　　　　　　　图 7-2-71

25. 进步左右捯式： 左脚摆脚，身体左转，两拳变掌向左侧捯带，右掌心朝上，左掌心朝外；目视前方。右捯式动作与左捯式动作完全相同，唯方向相反（图7-2-72至图7-2-75）。

图7-2-72　　　　　　　　　　　　　图7-2-73

图7-2-74　　　　　　　　　　　　　图7-2-75

26. 右移步右肘式： 左脚并步，身体右转，右脚上步，随后左脚跟步，右掌变拳，屈臂用右肘向右侧撞击，左掌向右侧画弧，附于右臂外侧；目视右侧（图7-2-76至图7-2-78）。

图 7-2-76　　　　　　　图 7-2-77　　　　　　　图 7-2-78

27. 右移步右靠式：右脚向右开步，成半马步，右臂撑圆，用右肩臂之力向外靠击，左掌附于右肩前方；目视右前方（图 7-2-79 至图 7-2-81）。

图 7-2-79　　　　　　　图 7-2-80　　　　　　　图 7-2-81

28. 左移步左肘式：右脚扣脚，身体左转，左脚脚跟碾转后扣脚，随后右脚跟步，左掌变拳，屈臂用左肘向左侧撞击，右掌向左侧画弧，附于左臂外侧；目视左侧（图 7-2-82 至图 7-2-83）。

图 7-2-82　　　　　　　图 7-2-83

技术篇

29. **左移步左靠式**：左脚向左开步，成半马步，左臂撑圆，用左肩臂之力向外靠击，右掌附于左肩前方，目视左前方（图7-2-84至图7-2-86）。

图7-2-84　　　　　　　图7-2-85　　　　　　　图7-2-86

30. **中定左右独立式**：右脚向前收半步，左脚提起成独立式，左拳变掌由体侧向上挑掌，右掌按于右胯旁，目视前方。左独立式动作与右独立式动作完全相同，唯方向相反（图7-2-87至图7-2-91）。

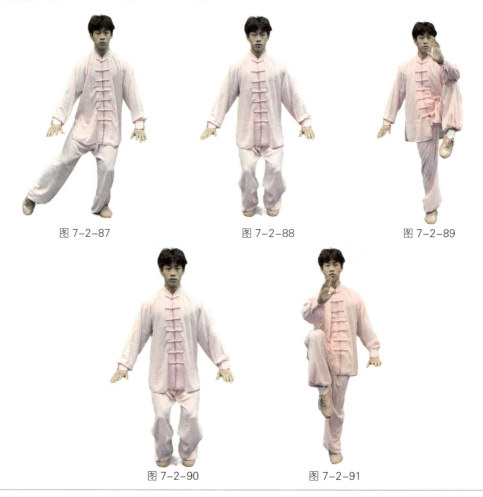

图7-2-87　　　　　　　图7-2-88　　　　　　　图7-2-89

图7-2-90　　　　　　　图7-2-91

31. **十字手**：右脚下落，两脚自然开立，两掌相叠合于胸前，左手在外，两掌心均朝内；目视前方（图 7-2-92 至图 7-2-93）。

太极八法五步

图 7-2-92　　　　　　　　　　图 7-2-93

32. **收势**：两掌翻掌分开，随身体慢慢立起，缓缓下落，随后左脚收至右脚内侧，成并步站立；目视前方（图 7-2-94 至图 7-2-99）。

图 7-2-94　　　　　　　图 7-2-95　　　　　　　图 7-2-96

图 7-2-97　　　　　　　图 7-2-98　　　　　　　图 7-2-99

技术篇

第三节　二十四式太极拳

"二十四式太极拳"简称"简化太极拳"，是1956年国家体委运动司武术科组织武术界老前辈和有关专家在杨氏太极拳的基础上，按照由简至繁，由易到难的原则进行编创的。经过60多年的推广与普及，简化太极拳作为一种强身健体的锻炼手段，已在全国各地广泛开展起来，国家已将太极拳列为全民健身计划的重要内容，在世界一些国家和地区也得到了发展，全球目前大约有十几亿人在学练太极拳。

"二十四式式太极拳"全套共分八组组合动作，包括起势、收势共24个动作，内容简单、易学，动作全面、规范，结构合理。

一、二十四式太极拳动作名称

第一组

1. 起式

2. 左右野马分鬃

3. 白鹤亮翅

第二组

4. 左右搂膝拗步

5. 手挥琵琶

第三组

6. 左右倒卷肱

7. 左揽雀尾

8. 右揽雀尾

第四组

9. 单鞭

10. 云手

11. 单鞭

第五组

12. 高探马

13. 右蹬脚

14. 双峰贯耳

第六组

15. 转身左蹬脚

16. 左下式独立

17. 右下式独立

第七组

18. 左右穿梭

19. 海底针

20. 闪通臂

第八组

21. 转身搬拦捶

22. 如封似闭

23. 十字手

24. 收式

二十四式太极拳完整示范

二、二十四式太极拳动作要领

第一组

1. 起势

（1）右脚向左开步，与肩同宽；头颈正直，下颌微向后收，不要故意挺胸或收腹；两臂自然下垂，两手放在大腿外侧；精神集中，目视前方（图7-3-1 至图7-3-2）。

（2）两臂上举时，两手高于肩平，与肩同宽；下落时，两肩下沉，两肘松垂，手指自然微曲；屈膝松腰，臀部不可凸出，身体重心落于两腿中间；两臂下落与身体下蹲动作协调一致，两肘下垂与两膝相对；目视前方（图7-3-3 至图7-3-4）。

图 7-3-1　　　　　图 7-3-2　　　　　图 7-3-3　　　　　图 7-3-4

2. 左右野马分鬃

（1）左野马分鬃定式时，成左弓步，左手高与眼平，肘微屈；右手落在右胯旁，肘也微屈，手心向下，指尖向前；目视左手（图 7-3-5 至图 7-3-9）。

（2）右野马分鬃定式时，成右弓步，右手高于眼平，肘微屈；左手落在左胯旁，肘也微屈，手心向下，指尖向前；目视右手（图 7-3-10 至图 7-3-11）。

（3）再成左野马分鬃（图 7-3-12）。

图 7-3-5　　　　　图 7-3-6　　　　　图 7-3-7　　　　　图 7-3-8

图 7-3-9　　　　　图 7-3-10　　　　　图 7-3-11　　　　　图 7-3-12

3. 白鹤亮翅

右脚跟进半步，上体后坐，成左虚步，左膝微屈；两臂上下都要保持半圆形，右手上提停于右额前，手心向左后方，左手落于左胯前，手心向下，指尖向前；身体重心后移与右手上提、左手下按应协调一致；定式动作时注意含胸拔背；眼平视前方（图7-3-13至图7-3-15）。

图7-3-13　　　　　图7-3-14　　　　图7-3-15（侧）　　　图7-3-15

第二组

4. 左右搂膝拗步

（1）推掌时都应从耳侧向前推出，沉肩垂肘、坐腕舒掌，高与鼻尖平；目视退出掌的掌指。

二十四式太极拳第一组合

（2）搂手时都应搂过膝关节落于胯旁，指尖向前。

（3）在行进过程中身体保持中正，松腰松胯，上下肢协调一致。

（4）搂膝拗步成弓步时，两脚跟的横向距离保持30厘米左右（图7-3-16至图7-3-26）。

图7-3-16　　　　　图7-3-17　　　　　图7-3-18　　　　　图7-3-19

技术篇

图 7-3-19（侧）　　　图 7-3-20　　　　图 7-3-21　　　　图 7-3-22

图 7-3-23　　　　图 7-3-24　　　　图 7-3-25　　　　图 7-3-26

5. 手挥琵琶

身体要平稳自然，沉肩垂肘，胸部放松；右脚跟进时，脚掌先着地，再全脚踏实，左脚略提起稍向前移，变成左虚步，脚跟着地，脚尖翘起，膝部微屈；左手由左下向上向前挑举，略带弧形，高与鼻尖平，掌心向右；右手收回放在左臂肘部里侧，掌心向左；目视左手食指（图 7-3-27 至图 7-3-28）。

图 7-3-27　　　　　图 7-3-28

二十四式太极拳第二组合

第三组

6. 左右倒卷肱

前推的手和后撤手应随转体走弧线。前推时，要转腰松胯，两手速度一致，避免僵硬。退步时，后退脚的脚掌先着地，再慢慢全脚踏实，同时，前脚随转体以脚掌为轴扭正。后退时，退左脚略向左后斜，退右脚略向右后斜，避免两脚落在一条直线上；眼随转体动作先向左右看，再转看前手。左右重复一遍。最后退右脚时，脚尖外撇的角度略大些，便于接做"左揽雀尾"的动作（图7-3-29至图7-3-35）。

图7-3-29　　　　　　图7-3-30　　　　　　图7-3-31

图7-3-32　　　图7-3-33　　　图7-3-34　　　图7-3-35

7. 左揽雀尾

（1）接上式丁步抱球。掤出时，左臂平屈成弓形，用前臂外侧和手背向前推出，高于肩平，手心向后；右手向右下落放于右胯旁，手心向下，指尖向前；目视左前臂。弓步时，两脚跟横向距离不超过10厘米（图7-3-36至图7-3-38）。

技术篇

（2）下捋时，身体先微向左转，左手随即前伸翻掌，掌心向下，右手翻掌，掌心向上，前伸至左前臂下方；然后两手经腹前向右后上方下捋画弧，直至右手手心向上，高与肩平，左臂平屈于胸前，手心向后；同时身体重心移至右腿；目视右手（图7-3-39至图7-3-40）。

（3）向前挤时，上体先向左转，右臂屈肘折回，右手附于左手腕里侧，双手同时慢慢向前挤出，左手心向后，右手心向前，左前臂要保持半圆；同时身体重心逐渐前移变成左弓步；目视左手腕部（图7-3-41至图7-3-42）。

（4）向前按时，先左手翻掌，手心向下，右手经左手腕上方向前、向右伸出，高与左手齐，手心向下，两手左右分开，宽与肩同，然后右腿屈膝，上体慢慢后坐，身体重心移至右腿上，左脚尖翘起；同时两手屈肘回收至腹前，手心均向前下方；最后身体重心再前移，同时两手向前、向上按出，掌心向前，左腿前弓成左弓步；目视前方（图7-3-43至图7-3-45）。

图7-3-36　　　　　　　图7-3-37　　　　　　　图7-3-38

图7-3-39　　　　图7-3-40　　　　图7-3-41　　　　图7-3-42

图 7-3-43　　　　　　图 7-3-44　　　　　　图 7-3-45

8. 右揽雀尾

（1）上体后坐并向右转，身体重心移至右腿，左脚尖里扣，左手掌向下与右手成抱球状；同时身体重心再移至左腿上，右脚收至左脚内侧，脚尖点地。眼看左手。

（2）与"左揽雀尾"相同，唯左右相反（图 7-3-46 至图 7-3-55）。

图 7-3-46　　　　　　图 7-3-47　　　　　　图 7-3-48

图 7-3-49　　　　图 7-3-50　　　　图 7-3-51　　　　图 7-3-52

技术篇

图 7-3-53　　　　图 7-3-54　　　　图 7-3-55

二十四式太极拳第三组合

第四组

9. 单鞭

（1）在动作运行过程中首先注意身体重心的转变，先在左腿上，待右脚尖里扣后，再渐渐移至右腿上，以便左脚向左前侧方迈出，成左弓步。

（2）在身体转移重心的同时，两臂在体前同时划一个圆后，右手在右侧方变勾手，臂与肩平；左掌于右肩处随上体的左转慢慢翻转向前推出，左肘与左膝上下相对，手心向前，手指与眼齐平，臂微屈；目视左手（图 7-3-56 至图 7-3-59）。

图 7-3-56　　　图 7-3-57　　　图 7-3-58　　　　图 7-3-59

10. 云手

（1）下肢移动时，身体中心要稳定，两脚掌先着地再踏实，两脚并步时成小开立步，脚尖向前。

（2）两臂随腰的转动在体前画弧运行，左手逆时针和右手顺时针画弧同时进行。在做第三个"云手"右脚最后跟步时，脚尖微向里扣，便于接"单鞭"动作。

（3）眼随左右手动（图 7-3-60 至图 7-3-63）。

图 7-3-60　　　　　　图 7-3-61　　　　　　图 7-3-62　　　　　　图 7-3-63

11. 单鞭

（1）在动作运行过程中首先注意身体重心的转换，先在左腿上，待右脚尖里扣后，再渐渐移至右腿上，以便左脚向左前侧方迈出，成左弓步。

（2）在身体转移重心的同时，两臂在体前同时划一个圆后，右手在右侧方变勾手，臂与肩平；左掌右肩处随上体的左转慢慢翻转向前推出，左肘与左膝上下相对，手心向前，手指与眼齐平，臂微屈；目视左手（图 7-3-64 至图 7-3-66）。

图 7-3-64　　　　　　　　图 7-3-65　　　　　　　　图 7-3-66

二十四式太极拳第四组合

第五组

12. 高探马

右脚跟进半步，右勾手变成掌经右耳旁向前推出，手心向前，手指与眼同高，左手收至左侧腰前，手心向上；同时左脚微向前移，脚尖点地成左虚步；目视右手（图 7-3-67 至图 7-3-68）。

图 7-3-67　　　　　　　　图 7-3-68

13. 右蹬脚

（1）左手手心向上，前伸至右手腕背面，两手相互交叉，随即向两侧分开向下由外圈向里圈画弧，两手交叉合抱于胸前，右手在外，手心均向后；手心斜向下，同时左脚提起向左前侧进步成左弓步后，右脚向左脚靠拢并屈膝提起；目视前方（图 7-3-69 至图 7-3-71）。

（2）两臂左右画弧分开平举，腕部与肩齐平，肘微屈，手心均向外；同时右脚向右前方（约 30° 方向）慢慢蹬出，力达脚跟；目视右手（图 7-3-72）。

图 7-3-69　　　　图 7-3-70　　　　　　图 7-3-71　　　　图 7-3-72

14. 双峰贯耳

右腿屈膝平举收回，向右前方落下后成右弓步；两掌掌心向上在体前，向下落同时慢慢变拳，分别从两侧向上、向前画弧至面部前方，两拳拳峰相对，拳眼都斜向内下，两拳中间距离 10~20 厘米，高与耳齐；目视右拳（图 7-3-73 至图 7-3-75）。

图 7-3-73　　　　　图 7-3-74　　　　　图 7-3-75

二十四式太极拳第五组合

第六组

15. 转身左蹬脚

与右蹬脚式相同，只是左右相反。左蹬脚方向与右蹬脚成 180°（图 7-3-76 至图 7-3-79）。

图 7-3-76　　　　图 7-3-77　　　　图 7-3-78　　　　图 7-3-79

16. 左下式独立

（1）左腿收回平屈，右腿慢慢屈膝下蹲，左腿由内向左侧伸出，成左仆步；右掌变成勾手，左掌下落于右肩前，继续向左下顺左腿内侧向前穿出；目视左手（图7-3-80至图7-3-81）。

（2）以左脚跟为轴，脚尖尽量向外撇，身体重心前移，左腿前弓，右脚尖里扣，上体微向左转并向前起身；右腿慢慢提起平屈，成左独立式；同时右勾手变掌，顺右腿外侧向前弧形挑起，屈臂立于右腿上方，肘与膝相对，手心向左，左手落于左胯旁，手心向下，指尖向前；目视右手（图7-3-82至图7-3-83）。

图7-3-80　　　　　图7-3-81　　　　　图7-3-82　　　　　图7-3-83

17. 右下式独立

右脚尖触地后必须稍微提起，然后向下仆步。其他均与"左下式独立"相同，唯左右相反（图7-3-84至图7-3-87）。

图7-3-84　　　　　图7-3-85　　　　　图7-3-86　　　　　图7-3-87

二十四式太极拳第六组合

第七组

18. 左右穿梭

（1）注意上步和成弓步的方向均为斜前方。

（2）上举手应从脸前向上举并翻掌停在额前，手心斜向上；推出手应从体前向前推出，高与鼻尖平，手心向前；目视推出手（图7-3-88至图7-3-93）。

图7-3-88　　　　　　图7-3-89　　　　　　图7-3-90

图7-3-91　　　　　　图7-3-92　　　　　　图7-3-93

19. 海底针

右脚向前跟进半步，身体重心移至右腿，左脚脚尖点地成左虚步；同时身体稍向右转，右手下落经体前向后提抽至耳旁；再随身体左转，由右耳旁斜向前下方插出，掌心向左，指尖斜向下；与此同时，左手向前、向下画弧落于左胯旁，手心向下，指尖向前；眼看前下方（图7-3-94至图7-3-95）。

20. 闪通臂

上体稍向右转，左脚向前迈出，屈膝成左弓步；同时右手由体前上提，屈臂上举，停于右额前上方，掌心翻转斜向上，拇指朝下，左手上提经胸前向前推出，高与鼻尖平，手心向前；眼看左手（图7-3-96至图7-3-97）。

技术篇

图 7-3-94　　　　图 7-3-95　　　　图 7-3-96　　　　图 7-3-97

第八组

21. 转身搬拦捶

（1）上体后坐，身体重心移至右腿上，左脚尖里扣，身体向右后转，然后身体重心再移至左腿上；与此同时，右掌变拳随着转体向右、向下经腹前画弧至左肋旁，拳心向下，左掌上举于头前，掌心斜向上；眼看前方。

二十四式太极拳第七组合

（2）向右转体，右拳经胸前向前翻转撇出，拳心向上，左手落于左胯旁，掌心向下，指尖向前；同时右脚收回后即向前迈出，脚尖外撇；眼看右拳。

（3）身体重心移至右腿上，左脚向前迈一步；左手经左侧向前上方画弧拦出，掌心向前下方，右拳向右画弧收到右腰旁，拳心向上；眼看左手。

（4）左腿前弓成左弓步；同时右拳向前打出，拳眼向上，高于胸平，左手附于右前臂里侧；眼看右拳（图 7-3-98 至图 7-3-103）。

图 7-3-98　　　　图 7-3-99　　　　图 7-3-100　　　　图 7-3-101

图 7-3-102　　　　　　　　　图 7-3-103

22. 如封似闭

（1）左手由右腕下向前伸出，右拳变掌，两手手心逐渐翻转向上并慢慢分开回收；同时身体后坐，左脚尖翘起，身体重心移至右腿；眼看前方。

（2）两手在胸前翻掌，向下经腹前再向上、向前推出，腕与肩平，手心向前；同时左腿前弓成左弓步；眼看前方（图 7-3-104 至图 7-3-108）。

图 7-3-104　　　　　　　图 7-3-105　　　　　　　图 7-3-106

图 7-3-107　　　　　　　　　图 7-3-108

技术篇

23. 十字手

（1）屈膝后坐，身体重心移至右腿，右脚尖稍外撇，左脚尖里扣，右侧弓步；右手与左手成两臂侧平举，掌心向前，肘部微屈；目视右手。

（2）身体重心慢慢移至左腿，右脚尖里扣，随即向左收回，两脚距离与肩同宽，两腿逐渐蹬直成开立步；同时两手向下经腹前向上画弧，腕部交叉环抱于胸前，两臂撑圆，腕高与肩平，成十字手，手心均向后；目视前方（图7-3-109至图7-3-111）。

图7-3-109　　　　　　图7-3-110　　　　　　图7-3-111

24. 收势

两手向外翻掌，手心向下，两臂慢慢下落，停于身体两侧；同时气也徐徐下沉，待呼吸平稳后，左脚收到右脚旁成并步姿势；目视前方（图7-3-112至图7-3-115）。

图7-3-112　　　　　图7-3-113　　　　　图7-3-114　　　　　图7-3-115

二十四式太极拳第八组合

第八章

太极拳初段位套路

第一节　杨式太极拳一段位套路

杨式太极拳一段位套路的基本形态包括静型和动态。静型包括手型和步型。手型包括拳、掌、勾三种。步型有开步、弓步、坐步等三种。动态包括手法和步法。手法有搬、拦、直捶、穿掌等四种。步法主要是上步和退步。

一、杨式太极拳一段位套路动作名称

入场武礼

1. 单鞭起势
2. 右搬拦捶
3. 左搬拦捶
4. 坐步搬拳
5. 左穿按掌
6. 右穿按掌
7. 弓步穿掌
8. 十字收势

退场武礼

二、杨式太极拳一段位套路动作要领

入场武礼

（1）预备式：并步直立（图8-1-1）。

（2）进步直立：左脚前进一步，右脚跟进与左脚并步直立（图8-1-2）。

（3）抱拳礼：两手由体侧约30°分开向前屈肘合抱，右拳左掌，高与锁骨齐（图8-1-3）。

（4）退步直立：两臂下落，退右脚，再退左脚与右脚并步直立，目视前方（图8-1-4）。

图8-1-1　　　　　　图8-1-2　　　　　　图8-1-3　　　　　　图8-1-4

1. 单鞭起势

（1）两脚开立：左脚向左出步，成开步（图8-1-5）。

（2）两臂平举：两臂体前上举，与肩宽、与肩平，手心向下（图8-1-6）。

（3）两掌下落：两掌下落，按于胯前（图8-1-7）。

（4）左抱球：身体左转，左手向上抬起，与肩同高；右脚微内扣，右手向左移至左腹前，两手成左抱球式（图8-1-8）。

（5）提脚勾手：重心右移，身体右转；右手经上向右画弧至右前方成勾手，与耳同高；左手经下向右画弧，掌心向里收于右腕下方；左脚稍提收并于右脚内侧，脚尖虚点地（图8-1-9）。

（6）弓步推掌：上体微左转，左脚向左前上步成左弓步，左手经上前推，掌指朝上，掌根与肩同高，目视前方（图8-1-10）。

图 8-1-5　　　　　　　图 8-1-6　　　　　　　图 8-1-7

图 8-1-8　　　　　　　图 8-1-9　　　　　　　图 8-1-10

2. 右搬拦捶

（1）换步搬拳：左脚收至右脚内侧，重心落于左脚，随之右脚前出，脚跟着地；右手握拳经前下落至体前，拳心朝内，随即右拳经左画弧向右搬出，拳与肩同高，左掌移至右肘内侧（图 8-1-11 至图 8-1-12）。

（2）上步拦掌：左脚上步，脚跟着地，左手由下从外向内画弧横拦，右拳内旋后，再外旋经右向后画弧收至腰间（图 8-1-13）。

（3）弓步冲拳：重心前移成左弓步，右手冲拳，拳眼朝上，与肩同高，左掌移至右肘内侧，目视前方（图 8-1-14）。

图 8-1-11　　　　　图 8-1-12　　　　　图 8-1-13　　　　　图 8-1-14

技术篇

3. 左搬拦捶

（1）后左搬拳：重心后移至右腿，右手移至腰间，左手握拳向左搬拳（图8-1-15）。

（2）上步拦掌：右脚上步，脚跟着地，右手变掌经下从外向内画弧横拦，左拳内旋后，再外旋经左向后画弧收至腰间（图8-1-16）。

（3）弓步冲拳：重心前移成右弓步，左手冲拳，拳眼朝上，与肩同高，右掌移至左肘内侧，目视前方（图8-1-17）。

图8-1-15　　　　　　　图8-1-16　　　　　　　图8-1-17

4. 坐步搬拳

重心后移至左腿，左拳收回腰间，右手向右搬拳（图8-1-18）。

图8-1-18

5. 左穿按掌

（1）弓步穿掌：重心前移成右弓步，右拳变掌向下按掌至左肘下，左拳变掌经右掌上方向前穿掌，掌心朝上，与喉同高（图8-1-19）。

（2）坐步穿掌：重心后移至左腿，成左坐步，左掌向下按掌，右掌经左掌上方向前穿掌，掌心朝上，与喉同高（图8-1-20）。

（3）退步按掌：右脚退步，重心落于右腿，右掌经外弧形收于腰间，掌心朝上，左掌经下由外向内按掌，与腹同高，目视前方 (图 8-1-21)。

图 8-1-19　　　　　　　图 8-1-20　　　　　　　图 8-1-21

6. 右穿按掌

（1）弓步穿掌：重心前移成左弓步，左掌向下按至右肘下，右掌经左掌上方向前穿掌，掌心朝上，与喉同高 (图 8-1-22)。

（2）坐步穿掌：重心后移至右腿，成右坐步，右掌向下按掌，左掌经右掌上方向前穿掌，掌心朝上，与喉同高 (图 8-1-23)。

（3）退步按掌：左脚退步，重心落于左腿，左掌经外弧形收于腰间，掌心朝上，右掌经下由外向内按掌，与腹同高 (图 8-1-24)。

图 8-1-22　　　　　　　图 8-1-23　　　　　　　图 8-1-24

7. 弓步穿掌

（1）弓步穿掌：重心前移成右弓步，左掌经右掌上方向前穿掌，掌心朝上，与喉同高，右掌移至左肘下，目视左掌 (图 8-1-25)。

（2）沉胯合掌：重心略后沉，左掌收至右臂内，掌心向外，右掌合于左肘外，掌心向里，两臂呈掤势 (图 8-1-26)。

| 图 8-1-25 | 图 8-1-26 | 图 8-1-26 侧 |

8. 十字收势

（1）退步分掌：右脚退步，重心移至右腿，成右侧弓步，身体右转90°，两掌平分，掌心向外，掌根与肩同高（图 8-1-27 至图 8-1-28）。

（2）开步十字：重心移至左腿，右脚收回成开步，随即重心移至两脚中间，两手经下十字合抱于胸前，掌心朝内（图 8-1-29）。

（3）两手平伸：两掌向前平伸，掌心朝下，与肩同高（图 8-1-30）。

（4）两手下按：两掌向下按至胯前（图 8-1-31）。

（5）并步直立：收左脚并步，两掌下垂贴于体侧（图 8-1-32）。

| 图 8-1-27 | 图 8-1-28 | 图 8-1-29 |
| 图 8-1-30 | 图 8-1-31 | 图 8-1-32 |

退场武礼：

（1）进步直立：左脚前进一步，右脚跟进与左脚并步直立（图 8-1-33)。

（2）抱拳礼：两手由体侧约 30° 分开向前屈肘合抱，右拳左掌，高与锁骨齐（图 8-1-34)。

（3）退步直立：两臂下落，退右脚，再退左脚与右脚并步直立（图 8-1-35)。

图 8-1-33　　　　　　　　　图 8-1-34　　　　　　　　　图 8-1-35

杨式一段位套路

第二节　杨式太极拳二段位套路

杨式太极拳二段位基本形态有分脚、蹬脚及云手动作。分脚：由提膝开始，脚由下向前上弹踢，脚面绷平，力达脚背。蹬脚：由提膝开始，脚由下向前蹬出，脚尖勾起，力达脚跟。云手：两臂交替圆转。

一、杨式太极拳二段位套路动作名称

入场武礼

1.单鞭起势

2.右云手

3.左云手

4.左搂膝拗步

5. 玉女穿梭

6. 右分脚

7. 左分脚

8. 右蹬脚

9. 右穿掌

10. 十字收势

退场武礼

二、杨式太极拳二段位套路动作要领

入场武礼：同一段位单练套路入场武礼。

1. 单鞭起势

同一段位套路（图 8-2-1 至图 8-2-6）。

图 8-2-1　　　　　图 8-2-2　　　　　图 8-2-3

图 8-2-4　　　　　图 8-2-5　　　　　图 8-2-6

2. 右云手

（1）弓步右掤：右脚上步成右弓步，右臂经下于体前上掤，掌心朝内，与胸同高，左手经胸前移至右肘旁，约 20 cm(图 8-2-7 至图 8-2-8)。

（2）左移划圆：重心移至左腿，身体左转，左手向上、向左画弧至体侧，掌心向里；右手向下向左画弧移至左腹前，掌心斜向左上方，两臂均呈半圆形（图 8-2-9)。

（3）上步划圆：身体右转，重心移至右腿，左脚经右脚旁向左前方上步，约 45°，脚跟着地；右手由左向上、向右画弧至体侧，掌心斜向下，左手向下、向右画弧移至右肘内侧，掌心斜向右上，目视右掌 (图 8-2-10)。

图 8-2-7　　　　图 8-2-8　　　　图 8-2-9　　　　图 8-2-10

3. 左云手

重心移至左腿，身体左转，右脚经左脚旁向右前方上步，约 45°，脚跟着地，左手向上、向左画弧至体侧；右手向下、向左画弧移至左腹前，两臂均成半圆形 (图 8-2-11)。

图 8-2-11

4. 左搂膝拗步

（1）上步搂手：身体右转，重心移至右腿，左脚向前上步，脚跟着地，左手经上向右搂至右腹前，右手经右向上画弧至右耳旁（图8-2-12至图8-2-13）。

（2）弓步推掌：重心前移成左弓步，左手向左搂至左膝外侧，掌心朝下，右掌前推，掌心向前，掌指向上，目视前方（图8-2-14）。

图8-2-12　　　　　　　　　图8-2-13　　　　　　　　　图8-2-14

5. 玉女穿梭

（1）坐步上架：重心后移成右坐步，左手上架至头前上方（图8-2-15）。

（2）弓步推掌：重心前移成左弓步，右掌前推，掌根与肩同高，目视前方（图8-2-16）。

图8-2-15　　　　　　　　　　　图8-2-16

6. 右分脚

（1）提膝合抱：左脚后撤成并步，提右膝，左手下落、右手经下上捧，两手合抱于胸前（图8-2-17至图8-2-18）。

（2）分掌弹踢：两掌经上向两侧分开，掌根与肩同高，右脚向前弹踢，脚面绷平，脚与胯同高，目视右脚（图8-2-19）。

图 8-2-17　　　　　图 8-2-18　　　　　图 8-2-19

7. 左分脚

（1）交叉落脚：右脚交叉落于左脚前，脚尖点地（图 8-2-20）。

（2）转身合抱：身体左转，重心移至右腿，两掌合抱于胸前（图 8-2-21)。

（3）分掌弹踢：两掌经上向两侧分开，掌根与肩同高，左脚向前弹踢，脚面绷平，脚与胯同高，目视左脚（图 8-2-22）。

图 8-2-20　　　　　图 8-2-21　　　　　图 8-2-22

8. 右蹬脚

（1）交叉落脚：左脚交叉落于右脚前，脚尖点地 (图 8-2-23)。

（2）转身合抱：身体右转，重心移至左腿，右腿提起，两掌合抱于胸前（图 8-2-24)

（3）分掌蹬脚：两掌经上向两侧分开，掌根与肩同高，右脚向右前方蹬出，脚跟与胯同高，脚尖勾起，目视前方 (图 8-2-25)。

图 8-2-23   图 8-2-24   图 8-2-25

9. 右穿掌

（1）退步按掌：右脚后落成右坐步，右手收至腰间，掌心朝上，左掌经上向前下按，与胸同高 (图 8-2-26)。

（2）弓步穿掌：重心前移成左弓步，右掌经左掌上方前穿，指尖与喉同高，左掌移至右肘下，目视右掌 (图 8-2-27)。

（3）弓步放掌：左掌前伸，掌根与肩同高，掌心向下，右掌移至左肘旁，掌心朝上（图 8-2-28）。

（4）坐步右将：重心后移成右坐步，两掌向右将至体侧 (图 8-2-29)。

（5）弓步推掤：重心前移成左弓步，两掌前推，继而两臂合抱前掤 (图 8-2-30 至图 8-2-31)。

图 8-2-26   图 8-2-27   图 8-2-28

图 8-2-29　　　　　　　　图 8-2-30　　　　　　　　图 8-2-31

10. 十字收势

（1）退步分掌：左脚退步，再退右脚，重心移至右腿，成右侧弓步，身体随之右转，两掌平分，掌心朝外，掌根与肩同高 (图 8-2-32 至图 8-2-33)。

（2）开步十字：开步重心移至左腿，右脚收回成开步，随即重心移至两脚中间，两手经下十字合抱，捧至胸前，掌心朝内 (图 8-2-34)。

（3）两手平伸：两掌向前平伸，手心朝下，与肩同高 (图 8-2-35)。

（4）两手下按：两掌向下按至胯前 (图 8-2-36)。

（5）并步直立：收左脚并步，两掌下垂贴于体侧 (图 8-2-37)。

图 8-2-32　　　　　　　　图 8-2-33　　　　　　　　图 8-2-34

图 8-2-35　　　　　　　　图 8-2-36　　　　　　　　图 8-2-37

技术篇

退场武礼：同一段位单练套路退场武礼。

杨式太极拳二段位套路

第三节　杨式太极拳三段位套路

杨式太极拳三段位套路包含以下基本形态：

（1）掤：屈臂呈弧形横于胸前；既不可软缩，也不可僵硬，力达前臂外侧。

（2）挤：一臂屈于胸前，另一手贴于前臂内侧，两臂撑圆，合力前挤。

（3）按：两臂由前向后引化下按，两肘微屈。

（4）捋：两掌由前向身体一侧引化，捋要轻灵。

（5）拿：控制对方腕或肘关节，并作反关节运动，闪通背。

（6）采：控制对方腕或肘，由前向下折坠。

（7）披掌：掌由上向前下抛打，力达掌背。

（8）虚步：一腿在后屈膝坐实，另一腿在前，脚跟或脚掌着地为虚。

（9）独立：一腿支撑，另一腿屈膝提起。

（10）摆掌：由内向外横向拨掌。

（11）扫腿：一腿支撑，另一腿脚掌贴地摆踢。

（12）闪通背：弓步向前，一掌前推或托，另一掌上架或旋提，两臂劲力通顺。

一、杨式太极拳三段位套路动作名称

预备式：并步直立

1. 单鞭起势

2. 提手上势

3. 海底针

4. 闪通背

5. 左金鸡独立

6. 扫腿摆拳

7. 转身斜飞

8. 弯弓射虎

9. 上步顺插

10. 右野马分鬃

11. 跟步下插

12. 白蛇吐信

13. 右穿掌

14. 提腿拦掌

15. 退步捋

16. 指腹捶

17. 退步捋挤

18. 十字收势

退场武礼

二、杨式太极拳三段位套路动作要领

入场武礼：同一段位单练套路入场武礼。

1. 单鞭起势

同一段位单练套路单鞭起势（图8-3-1至图8-3-6）。

图8-3-1　　　　　图8-3-2　　　　　图8-3-3

图8-3-4　　　　　图8-3-5　　　　　图8-3-6

2. 提手上势

（1）弓步右掤：身体左转，右脚上步，随之屈膝前弓成右弓步，右臂经下于体前上掤，掌心朝内，与胸同高，左手经胸前移至右肘下侧（图8-3-7至图8-3-8）。

（2）弓步右挤：右前臂横抱至胸前，左手继续向上移至右臂内侧，与右臂合力前挤（图8-3-9）。

（3）坐步左捋：右手经下弧形前伸，左手移至右肘旁；随即，右脚撤至左脚旁，左脚撤步成左坐步，身体左转，两手向左捋至左侧（图8-3-10至图8-3-11）。

（4）提手前推：右腿提起向前虚步下落，脚跟着地，两手经后向前弧形推送，右手与头同高，目视前方（图8-3-12）。

图8-3-7　　　　　　图8-3-8　　　　　　图8-3-9

图8-3-10　　　　　　图8-3-11　　　　　　图8-3-12

3. 海底针

（1）上步探掌：左脚上步成左弓步，身体右转，左掌经下弧形向前探掌，与腹同高，右手移至左肘旁（图8-3-13）。

（2）跟步提手：右脚向前跟半步，重心后移，左脚提起至右脚内侧，左手经上画弧至右腹前，右手提至右耳旁（图8-3-14）。

（3）虚步插掌：右腿屈膝略蹲，左脚向前半步，以脚尖点地成左虚步，身体略向前下俯，左手向左画弧搂至左膝旁，右手向前下方插出，与胯同高，目视右掌（图8-1-15）。

图 8-3-13　　　　　　　　　图 8-3-14　　　　　　　　　图 8-3-15

4. 闪通背

（1）起身拖掌：身体微起，左脚收于右脚内侧，右手上托至肩高，掌心朝下，左手移至右肋旁（图8-3-16）。

（2）弓步架推：左脚向前迈出，重心前移，屈膝成左弓步，右手翻转，架于头上方，掌心向上；左掌前推，掌根同肩高，掌心朝前，目视前方（图8-3-17）。

图 8-3-16　　　　　　　　图 8-3-17

5. 左金鸡独立

（1）弓步挑掌：重心略后移，左脚尖外撇，左掌前挑，右手后落于右胯侧（图8-3-18）。

（2）独立挑掌：重心前移至左腿，右腿屈膝提起成左独立，左手下按于左胯旁，右手向前上方挑掌，掌根同肩高，目视前方（图8-3-19）。

动作要点：独立前，重心要前移下沉。

图 8-3-18   图 8-3-19

6. 扫腿摆拳

（1）弓步推掌：右脚向前下落成右弓步，左掌前推，右手移至左肘旁（图 8-3-20）。

（2）坐步架掌：重心后移成左坐步，右手穿掌上架，与头同高，左掌移至腹前（图 8-3-21）。

（3）弓步探掌：右脚尖外摆成右弓步，左掌向前平探，与肩同高，右手收至左肘下（图 8-3-22）。

（4）摆掌扫踢：重心右移，身体向右转，左脚向右贴地扫踢至侧前方，前脚掌着地，左手向左摆掌，掌根同肩高，右掌移至左腋下（图 8-3-23）。

图 8-3-20   图 8-3-21   图 8-3-22   图 8-3-23

7. 转身斜飞

（1）插步合抱：右脚后撤，插于左腿后，脚掌落地，两臂合抱相随（图 8-3-24）。

（2）转身斜飞：身体右转成右弓步，先扣左脚尖，后右脚尖外摆；右臂向前分展，掌心斜朝上，与肩同高，左掌落于左腹旁（图 8-3-25）。

图 8-3-24　　　　　图 8-3-25

8. 弯弓射虎

（1）移步缠拿：重心后移，收提右脚，随后向右前 45° 上步，脚跟着地；右手逆时针缠绕一圈至左侧，再随身体向右画弧至右腹前 (图 8-3-26 至图 8-3-28)。

（2）弓步拧打：重心右移成右弓步，右手经下向后上翻拳画弧至头右上方，左拳向左前方约 45° 打出，立拳，与肩同高，目视左前方 (图 8-3-29 至图 8-3-30)。

图 8-3-26　　　　　图 8-3-27　　　　　图 8-3-28

图 8-3-29　　　　　图 8-3-30

9. 上步顺插

身体右转，左脚上步成左弓步，左手经下弧形前插，右手移至左臂旁，目视左手 (图 8-3-31)。

图 8-3-31

10. 右野马分鬃

（1）左抱球：左脚后撤至右脚旁，重心落于左腿，提起右脚；左手向后顺时针画弧至胸前，右手向下画弧至腹前，两手成抱球势 (图 8-3-32)。

（2）弓步横拨：右脚向前落成右弓步，身体右转45°，左掌向下按至左胯旁，右手向右上方横拨至体侧，掌心斜朝内，与肩同高，目视右掌 (图 8-3-33)。

图 8-3-32   图 8-3-33

11. 跟步下插

重心移至右腿，左脚收至右脚旁成左跟步，右掌向前下方弧形下插，左掌移至左上臂内侧，目视右掌 (图 8-3-34)。

图 8-3-34

12．白蛇吐信

（1）撤步闪身：左脚退步成右弓步，身体向左闪转，右手上提至头高，手臂外旋，掌心朝上（图 8-3-35）。

（2）并步按掌：右脚后撤至左脚内侧，右掌经上向后按至左胸前，左手移至右腹前（图 8-3-36）。

（3）虚步披掌：左脚向前迈出，脚跟着地，成左虚步，右掌按至腹前，左手由右臂内侧反掌前披，掌心朝上，与眼同高，目视前方（图 8-3-37)。

图 8-3-35　　　　　　　　图 8-3-36　　　　　　　　图 8-3-37

13．右穿掌

（1）退步按掌：左脚后退一步，左掌下按，右手收至腹侧（图 8-3-38）。

（2）弓步穿掌：重心前移成右弓步，右掌经左掌上方向前穿掌，掌心朝上，高与肩平，目视前方（图 8-3-39）。

图 8-3-38　　　　　　　　　　　　　　图 8-3-39

14. 提腿拦掌

重心移至右腿，右腿屈膝提起成左独立；左手屈肘向前伸拦挡，腕与肩同高，掌心朝外，右手移至左肋下，掌心朝上，目视左前方（图 8-3-40）。

图 8-3-40　　　　　　　　　　　　　　图 8-3-41

15. 退步捋

右脚向后退步成侧弓步，两臂坠肘竖掌向后至体前，指尖朝上，目视左前方（图 8-3-41）。

16. 指腹捶

（1）坐步抹掌：重心后移，左手顺时针画弧至腹前（图 8-3-42）。

（2）弓步下打：收左脚向左侧前方出步，随之重心左移成左弓步；同时左手顺时针画弧搂至左胯旁；右掌变拳经腰间向前下方冲打，与腹同高，目视右拳（图 8-3-43）。

图 8-3-42　　　　　　　　　　　图 8-3-43

17. 退步挒挤

（1）并步探掌：右脚收回并于左脚旁，右手弧形前伸探，掌根与肩同高，左手移至右肘旁（图 8-3-44）。

（2）后坐左挒：左脚撤步成左坐步，两手向左挒至体侧，略与腰胸同高（图 8-3-45）。

（3）弓步右挤：重心前移成右弓步，右手臂外旋向前横于胸前，左掌移至右腕处，前挤，目视前方（图 8-3-46）。

图 8-3-44　　　　　　　图 8-3-45　　　　　　　　图 8-3-46

18. 十字收势

同一段位单练套路十字收势（图 8-3-47 至图 8-3-52）。

图 8-3-47　　　　　　　　图 8-3-48　　　　　　　　图 8-3-49

图 8-3-50　　　　　　　　图 8-3-51　　　　　　　　图 8-3-52

退场武礼：同一段位单练套路退场武礼。

杨式太极拳三段位套路

第四节　陈式太极拳一段位套路

陈式太极拳一段位套路的基本形态主要是静型和动态两种。静型包括手型、步型和身型。动态包括冲拳、掌法和步法。

静型：

1. 手型

（1）拳：四指并拢卷曲握拢，拇指扣压在食指和中指的第二指关节上。

①立拳：拳眼向上为立拳。

②平拳：拳心向下为平拳。

③反背拳：拳心向上为反背拳。

（2）互拢掌：手指自然伸直并拢。拇指与小指根部微微内合，食指、中指微外扬形成互拢掌。

①立掌：坐腕，指尖向上为立掌。

②仰掌：掌心向上或斜向上。

③俯掌：掌心向下或斜向下。

（3）勾：拇指、食指和中指的指尖捏拢，余指自然屈拢，虎口撑圆。

2. 步型

（1）弓步：两脚前后站立，前腿屈膝前弓，膝盖不超过脚尖；后腿自然蹬伸，两脚尖斜向前方，重心偏于前腿。

（2）马步：两脚左右站立，脚尖向前，两腿屈膝下蹲，大腿呈水平，重心在两脚中间。重心偏左为左偏马步，偏右为右偏马步。

（3）独立步：一腿微屈支撑，另一腿屈膝提起。

（4）歇步：两脚平行站立，提起一腿经支撑腿后侧向后插步，前脚掌着地。两腿屈膝下蹲，臀部坐于后脚的脚跟上。左脚在前为左歇步，右脚在前为右歇步。

（5）虚步：一腿屈膝支撑，另一腿脚尖向前虚点地。

3. 身型

太极桩：两腿左右分开站立，两脚与肩同宽，两手合抱于胸前。百会上顶，目视前方，用鼻呼吸，舌顶上颌，双唇微闭，下颚微收。劲要竖直，松肩、收腹、松胯、敛臀、屈膝、松踝。

动态：

1. 冲拳：拳自腰间顺缠向前螺旋打出，拳背朝上，高不过身，力达拳面。

2. 掌法

（1）穿掌：一掌逆缠下按，另一掌经腰间顺缠向前穿出，与胸同高，力达指尖。

（2）推掌：掌由腰间向前推出，力达掌心。

3. 步法

（1）擦步：一腿屈膝支撑重心，另一腿屈膝提膝，以脚跟内侧着地擦出。

（2）上步：一腿屈膝支撑重心，另一腿经支撑腿内侧向前上步，脚跟先着地，随着重心前移，全脚掌着地。

（3）退步：前脚经过支撑腿内侧向后退一步，脚前掌着地，随着重心后移；全脚掌着地，随之重心后移，前脚成虚步。

一、陈氏太极拳一段位套路动作名称

预备式：并步直立

1. 金刚起势

2. 白蛇吐信

3. 上步掩手肱捶

4. 金鸡独立

5. 上三步掩手肱捶

6. 斜行推掌

7. 拗步捋

8. 抹眉肱

9. 倒卷肱

10. 捣碓收势

二、陈氏太极拳一段位套路动作要领

预备式：并步直立，两臂自然下垂，两手轻贴大腿外侧（图8-4-1至图8-4-6）。

图8-4-1　　　图8-4-2　　　图8-4-3　　　图8-4-4　　　图8-4-5　　　图8-4-6

1. 金刚起势

（1）左脚脚跟、脚尖依次提起向左平行开步，与肩同宽；脚尖、脚跟依次落地，上体自然直立，重心落于两腿之间；目视前方（图8-4-7）。

（2）两手向前上方抬起，高与肩平，掌心向内，掌指向前（图8-4-8）。

（3）两手逆缠向内，掌心翻转向下（图8-4-9）。

（4）两腿屈膝下蹲成马步，同时双手下按至两胯前，掌心向下（图8-4-10）。

（5）身体微左转，右手顺缠，左手逆缠，向左前上方掤出，左手与肩同高，右手与胸同高，掌心斜向左，掌指斜向前；目视左前方（图8-4-11）。

（6）右手逆缠，左手顺缠，两手同时画弧旋转，两手掌心斜向左前方，指尖斜向左后方；目视左前方（图8-4-12）。

（7）身体微右转，两手向右画弧，平捋至右侧前方（图8-4-13）。

（8）重心移至右腿，左腿屈膝提起，随之左脚脚跟内侧贴地向左前方擦出，脚跟着地，脚尖勾起，同时两手微向右捋（图8-4-14至图8-4-15）。

图8-4-7　　　　图8-4-8　　　　图8-4-9　　　　图8-4-10　　　　图8-4-11

图8-4-12　　　　　图8-4-13　　　　图8-4-14　　　　图8-4-15

2. 白蛇吐信

（1）身体微右转，左手拦卷，右手顺缠收至腰间，掌心向上，掌指向前（图8-4-16）。

（2）身体左转成左弓步，右手顺缠经腰间向前穿出，高与肩平，掌心向上，指尖向前；同时左手逆缠向左下方画弧至左胯旁，掌心向下，指尖向前，目视右前方（图8-4-17）。

图8-4-16　　　　　　　　　　　　　　图8-4-17

3. 上步掩手肱捶

（1）上体稍右转，右手逆缠向内向下按至右胯侧；左手逆缠转至肩高变顺缠，左手捋转掌指向上，掌心向前。目视前方（图8-4-18）。

（2）身体左转，左脚尖外摆，提起右脚向前上步，脚跟着地，脚尖翘起；同时右手握拳顺缠至腰间，左手不变（图8-4-19）。

（3）身体继续左转，右腿屈膝成右弓步，左腿微屈，同时右拳逆缠向前打出，高于肩平，拳心向下，左手顺缠按至腹前（图8-4-20）。

图8-4-18　　　　　　　图8-4-19　　　　　　　　图8-4-20

4. 金鸡独立

（1）身体左转，右臂屈肘顺缠向内画弧至右肩前，拳心向内（图8-4-21）。

（2）身体右转，重心移至左腿，右腿屈膝提起，左手逆缠向前画弧转至肩高变顺缠，掌心向右，掌指向上；同时右拳收至右侧腰间，拳心向上（图8-4-22）。

图 8-4-21　　　　　　　　　　图 8-4-22

5. 上三步掩手肱捶

（1）右脚向前上步，脚跟着地，脚尖翘起；两手不变（图 8-4-23）。

（2）重心移至右脚，提起左脚向前上一步，脚跟着地；两手不变（图 8-4-24）。

（3）重心移至左脚，提起右脚向前上一步，脚跟着地；两手不变（图 8-4-25）。

（4）接上动，身体左转，右腿屈膝成右弓步，右拳逆缠向前发力打出，与胸同高，拳心向下，同时左手顺缠向内收转至腹前。目视右前方（图 8-4-26 至 图 8-4-27）。

图 8-4-23　　　　　　图 8-4-24　　　　　　图 8-4-25

图 8-4-26　　　　　　　　　　图 8-4-27

6. 斜行推掌

（1）右脚收于左脚内侧，同时右手逆缠屈肘，拳心向内。目视左前方（图8-4-28）。

（2）重心移至右腿，左脚向左前方擦出，右手按至右胯旁，左手顺缠向前、向左画弧至左肩前，掌心向右前方，指尖向左前方。目视左前方（图8-4-29至图8-4-30）。

（3）右腿屈膝成马步，左手逆缠向下搂至左膝内侧，掌心向下，指尖向前；同时，右手顺缠至右耳侧（图8-4-31）。

（4）左手变勾手经左膝前画弧搂转至左侧上方，与肩同高；右手逆缠向前推出，手与肩高，掌心向前，指尖向上。目视右手前方（图8-4-32）。

图8-4-28 图8-4-29 图8-4-30

图8-4-31 图8-4-32

7. 拗步捋

（1）身体左转，右手顺缠向左画弧（图8-4-33）。

（2）接上动，左脚提起，经右腿内侧向后插步，随之屈膝下蹲成右歇步，同时，右手画弧形下按于右胯旁，掌心向下，指尖向前；左手由勾拳变掌，顺缠向右捋至左肩前，掌心向右前方，指尖斜向前。目视左手前方（图8-4-34）。

图 8-4-33　　　　　　　　　　　　　图 8-4-34

8. 抹眉肱

（1）重心移至右腿，左脚以脚跟内侧贴地向前擦出，脚跟着地，脚尖翘起。目视前方（图8-4-35）。

（2）重心左移，身体左转成左弓步；左手逆缠向左下方画弧至左胯旁，掌心向下，指尖向前；同时右掌自腰间向前推出，高与肩平，掌心向前，指尖向上，目视前方（图8-4-36至图8-4-37）。

图 8-4-35　　　　　　　　　图 8-4-36　　　　　　　　图 8-4-37

9. 倒卷肱

（1）两手不动，重心移向右腿，提起左脚经右腿内侧向后退步（图8-4-38）。

（2）接着重心移向左腿，提起右脚向后撤步（图8-4-39）。

（3）随之身体右转，两腿屈膝下蹲成左偏马步，右手逆缠向下转至右侧胯前；左手逆缠向前变顺缠向左前方捋带，掌心斜向前，掌指向上（图8-4-40）。

图 8-4-38   图 8-4-39   图 8-4-40

10. 捣碓收势

（1）双手顺缠向左合于左侧前方，左手在外，右手在内（图8-4-41）。

（2）重心右移，右腿屈膝成右弓步；同时右手逆缠向右采转至右侧前方，掌心向右前方，指尖向前上方；左手逆缠向下按于左胯旁，掌心向下，指尖向前；目视右手前方（图8-4-42）。

（3）重心左移至左腿，右脚经左脚内侧向前点地成右虚步；同时右手顺缠，由下向前撩掌至腹前，掌心向上，指尖向前；左手随右手向内转至右腕上侧，掌心向下；目视前方（图8-4-43）。

（4）右腿屈膝提起成左独立；同时右掌变拳，屈肘上抄至胸前，随之缓缓下沉至左掌心，然后再次上抄至胸前，拳心向内，左掌顺缠落至腹前，掌心向上；指尖向右；目视前方（图8-4-44）。

（5）左腿屈膝下沉，右脚向下震落，两脚与肩同宽；同时右拳下砸落至左掌心内，拳心向上，虎口向前，左掌微向上迎击右拳；目视前方（图8-4-45）。

（6）重心移至两腿中间，右拳变掌与左掌同时向前、向上托转至胸前，成十字手，右掌在内，左掌在外，两掌心斜向外，掌指向上（图8-4-46）。

（7）身法不变，两掌下落至腹前，同时两腿站起（图8-4-47）。

（8）两掌分开至大腿外侧（图8-4-48）。

（9）左脚向右脚并拢，并步直立（图8-4-49）。

（10）与起势相同，向前上步行抱拳礼（图8-4-50），退步还原。

图 8-4-41　　　　　　　　　图 8-4-42　　　　　　　　　图 8-4-43

图 8-4-44　　　　　　　　　图 8-4-45　　　　　　　　　图 8-4-46

图 8-4-47　　　　　图 8-4-48　　　　　图 8-4-49　　　　　图 8-4-50

陈式太极拳一段位套路

技术篇

第五节　陈式太极拳二段位套路

陈式太极拳二段位套路的基本形态包括静型和动态。

静型：

1. 步型

仆步：一腿全蹲，大腿和小腿靠紧，臀部接近小腿，全脚掌着地，膝与脚尖稍外展；另一腿平仆接近地面，全脚着地，脚尖内扣。

动态：

2. 手法

（1）栽拳：拳经耳侧向前下方打出，拳面斜向下，拳心向内，臂自然伸直，力达拳面。

（2）云手：两掌经体前上下前后交替画弧。

（3）架掌：手臂逆缠自下向上架至额前上方，臂呈弧形，掌心向外，手高过头。

3. 步法

（1）插步：一腿支撑，另一腿经支撑脚后侧方落步。

（2）摆步：一腿支撑，另一腿屈膝提起，小腿顺缠，脚跟先着地，脚尖外摆，随之全脚掌着地。

（3）扣步：一腿支撑，另一腿经过支撑腿向前侧方落步。

4. 腿法

（1）摆莲脚：支撑腿微屈站立，另一腿从异侧摆起经面前向另一侧弧形摆动，脚面展平，两手在面前依次迎拍脚面。

（2）蹬脚：支撑腿微屈站立，另一腿屈膝提起，然后脚向前蹬出，腿伸直，脚尖上勾。

（3）右二起脚：左腿上提，右腿随即上摆，脚面展平同侧手迎拍脚面。

一、陈式太极拳二段位套路的动作名称

预备式：并步直立

1. 金刚起势

2. 云手

3. 雀地龙

4. 转身献果

5. 劈身捶

6. 击地捶

7. 双捋式

8. 抹眉肱

9. 转身摆莲

10. 蹬脚

11. 左右掩手肱捶

12. 右二起脚

13. 玉女穿梭

14. 捣碓收势

二、陈式太极拳二段位套路的动作要领

预备式：同一段位套路"预备式"，动作过程详见图 8-5-1 至图 8-5-6。

图 8-5-1　　　图 8-5-2　　　图 8-5-3　　　图 8-5-4　　　图 8-5-5　　　图 8-5-6

1. 金刚起势

同一段位套路"金刚起势"，动作过程详见图 8-5-7 至图 8-5-15。

图 8-5-7　　　　　图 8-5-8　　　　　图 8-5-9　　　　　图 8-5-10

图 8-5-11　　　图 8-5-12　　　　　图 8-5-13　　　图 8-5-14　　　　　图 8-5-15

2. 云手

（1）身体右转，左脚尖先落地，随之屈膝下蹲成马步；同时左手内画弧下捋收转至腹前，掌心斜向右，掌指斜向前（图 8-5-16）。

（2）身体左转，左腿屈膝前弓，同时左手顺缠向上至胸前变逆缠向左前方画弧捋转，掌心斜向左前方，掌指斜向上；右手顺缠向下向内转至腹前，掌心斜向左前方，掌指斜向前（图 8-5-17）。

（3）右脚向左后方插步，前脚掌着地。同时右手向上至胸前逆缠向前画弧转出，臂成弧形，掌心斜向前，掌指斜向左前方。右臂屈肘顺缠向下画弧转至腹前，掌心斜向前，掌指斜向左前方（图 8-5-18）。

（4）左脚向左前方上步，随之双手向右侧前方按出，目视右前方（图 8-5-19）。

动作要点：插步转掌要用时完成。

图 8-5-16　　　　　图 8-5-17　　　　　图 8-5-18　　　　　图 8-5-19

3. 雀地龙

（1）双手握拳，左拳向前转至右拳下侧（图 8-5-20）。

（2）接上动，身体左转，重心移至左腿，左拳逆缠向上向左画弧至左侧前方，拳心向内；右拳随左手转动至左臂内侧（图 8-5-21）。

（3）左腿屈膝下蹲成仆步，右腿伸直。左手不动，右拳发力向右侧打出，拳眼向上，力达拳背（图 8-5-22）。

图 8-5-20　　　　　　　　　　图 8-5-21　　　　　　　　　　图 8-5-22

4. 转身献果

（1）身体向后转 180°，右脚向前上步，两臂随身体转动，左手下落，右拳转至胸前向左格挡，拳心向内（图 8-5-23 至图 8-5-24）。

（2）身体继续左转，重心移向右腿，左腿屈膝提起成独立式；同时左拳顺缠向前上方重肘抄出，屈臂，拳心向内，右拳顺缠收至腰间（图 8-5-25）。

图 8-5-23　　　　　　　　　　图 8-5-24　　　　　　　　　　图 8-5-25

5. 劈身捶

（1）接上动，左拳向下画弧转至左膝前，左拳继续向内向上画弧；同时左脚向左后方撤步，屈膝下蹲成马步，左拳逆缠向下画弧转至左胯前，拳心向下；右拳向前屈肘顺缠转至右侧前方，拳心向内；左拳逆缠向下画弧至左胯前，拳心向下（图 8-5-26 至图 8-5-27）。

（2）身法随两手转动，步法不变；以腰带动两拳臂旋转，使左右拳向内画弧在胸前交叉，随之右臂屈肘向左前方格挡，左臂收于左胯前（图 8-5-28 至图 8-5-29）。

图 8-5-26　　　　　图 8-5-27　　　　　图 8-5-28　　　　　图 8-5-29

6. 击地捶

（1）身体右转，提起右脚向后撤步，右拳逆缠画弧转至右胯前。左拳逆缠转至肩高变顺缠，屈臂向内捋转至左侧前方，拳心斜向内，重心移向右腿，随之左脚向后撤步，手法不变（图 8-5-30 至图 8-5-31）。

（2）接上动，右脚再向后撤步成左弓步，左拳向下转至腹前，拳心向下；右拳画弧转至右肩侧，虎口向内（图 8-5-32 图 8-5-33）。

（3）身体微左转，左腿弓膝塌劲，右膝微屈；左拳逆缠向上画弧转至左侧上方，拳心斜向外。右拳向前下方打出，拳面向下（图 8-5-34）。

图 8-5-30　　　　　　　图 8-5-31　　　　　　　图 8-5-32

图 8-5-33　　　　　　　图 8-5-34

7. 双捋式

（1）两拳变掌，左掌顺缠，掌心斜向前，右掌逆缠向上转至左肘内侧，掌心向前（图8-5-35）。

（2）身体微右转，右腿屈膝塌劲，两掌同时向右捋转（图8-5-36）。

图8-5-35　　　　　　　　　　　　　　图8-5-36

8. 抹眉肱

（1）身体右转，左脚内扣，右脚向后收至左腿前侧，右手向右捋转至右侧腰间，左手随身体右转向前拦拨，掌心向前，掌指向上（图8-5-37）。

（2）身法不变，右脚向前上步，脚跟着地，脚尖翘起（图8-5-38）。

（3）接上动，身体微左转，右脚落地，随之屈膝成右弓步；右掌逆缠迅速向前推出，掌心向前，掌指向上，左手顺缠收转至腹前，目视右前方（图8-5-39）。

图8-5-37　　　　　　　图8-5-38　　　　　　　图8-5-39

9. 转身摆莲

（1）身体右转，左脚向前进步；右手逆缠，掌心向外，左手顺缠向上转至左侧胸前，掌心向外（图8-5-40）。

（2）身体继续右转，重心移至左腿，成右虚步，前脚掌着地；同时两手随身体转至右前方，左手至右臂内侧，右手掌心向外，掌指朝上，目视右前方（图8-5-41）。

（3）右脚屈膝提起，随之右脚向右画弧摆出，同时两手向前一次击拍脚面（图8-5-42）。

（4）接上动，右腿屈膝提起成左独立式；两手顺势转动至左侧前方，左手掌心向外，掌指向上（图8-5-43）。

图8-5-40   图8-5-41   图8-5-42   图8-5-43

10. 蹬脚

（1）右脚向前上步，右手逆缠向上架至额前上方，掌心向前，掌指向上左手向内收至腰间（图8-5-44至图8-5-45）。

（2）身体右转，重心移至右腿，提起左脚成右独立式；右手下落至面前，掌型不变，左掌扶按于右前臂上侧（图8-5-46）。

（3）身法不变，左脚向前发力蹬出，力达脚跟；同时左手向前发力推击，右手上架于头右上方（图8-5-47）。

图8-5-44   图8-5-45   图8-5-46   图8-5-47

11. 左右掩手肱捶

（1）左脚向左前方上步，两腿屈膝下蹲成马步，两手内合于胸前，左手在内，右手在外，掌心斜向外，掌指斜向上（图 8-5-48）。

（2）左腿弓膝塌劲，两手逆缠，向左右画弧转出，与肩同高，掌心斜向外，掌指斜向前（图 8-5-49）。

（3）身体右转，重心右移，右腿弓膝塌劲；同时右手顺缠握拳屈肘向内转至右侧胸前，左掌心向上顺缠掩肘至左胸前，掌指斜向左前方（图 8-5-50 至图 8-5-51）。

（4）身体左转，左腿屈膝前弓，右拳逆缠沿左手上侧向前打出，拳心向下，同时左手逆缠向内收至腹前（图 8-5-52）。

（5）身体左转，重心移至左腿，右脚向右前方上步，随之屈膝塌劲；右拳变掌向内合于胸前，右手在下，左手在上，两掌心斜向下（图 8-5-53 至图 8-5-54）。

（6）右腿屈膝前弓；同时两手逆缠，向左右画弧转出，与肩同高，掌心斜向外，掌指斜向前（图 8-5-55）。

（7）身体左转，左腿弓膝塌劲；同时左手顺缠握拳屈肘向内转至左侧腹前，右掌心向上顺缠至右胸前，掌指斜向右前方（图 8-5-56）。

（8）身体右转，右腿屈膝前弓，左拳逆缠沿右手上侧向前打出，拳心向下，同时右手逆缠向内收至腹前（图 8-5-57）。

图 8-5-48　　　　图 8-5-49　　　　图 8-5-50　　　　图 8-5-51

图 8-5-52　　　　图 8-5-53　　　　图 8-5-54　　　　图 8-5-55

图 8-5-56　　　　　　　　　　图 8-5-57

12. 右二起脚

（1）重心移至右腿，左腿屈膝，脚跟提起，左拳顺缠屈肘，拳心斜向内（图8-5-58 至图 8-5-59）。

（2）接上动，右脚蹬地发力，向前上方弹踢，左拳向左上方展臂伸出；同时右掌向前击拍脚面（图 8-5-60 至图 8-5-61）。

图 8-5-58　　　　图 8-5-59　　　　图 8-5-60　　　　图 8-5-61

13. 玉女穿梭

（1）左脚先落地，随后右脚向前落步成右弓步，右手向前推掌，左手收至腰间（图 8-5-62）。

（2）身体右转，重心移至右腿，左脚迅速向前跃起，随之左脚落地，右脚向后插步；同时右手随转体向右侧上方采出，左掌向前推按至左侧前方（图 8-5-63 至图8-5-65）。

图 8-5-62　　　　　图 8-5-63　　　　　图 8-5-64　　　　　图 8-5-65

14. 捣碓收势

身体右转，右手向前画弧采出，然后同一段位套路捣碓收势（图 8-5-66 至图 8-5-75）。

图 8-5-66　　　　　　　　　图 8-5-67　　　　　　　　　图 8-5-68

图 8-5-69　　　　　图 8-5-70　　　　　图 8-5-71　　　　　图 8-5-72

图 8-5-73

图 8-5-74

图 8-5-75

陈式太极拳二段位套路

第六节　陈式太极拳三段位套路

陈式太极拳三段位套路基本形态是拿法，使对方成反关节被控状态，失去反抗能力为拿，如拿腕、拿肘、拿肩等。

一、陈式太极拳三段位套路动作名称

预备式：并步直立

1. 金刚起势

2. 双捋式

3. 上步合手

4. 缠丝懒扎衣（右势）

5. 上步大捋（转身右捋）

6. 缠丝懒扎衣（左势）

7. 卷肱势

8. 十字绞龙

9. 退步跨虎

10. 前招

11. 抹眉肱

12. 懒扎衣

13. 转身高捋

14. 右野马分鬃

15. 抱头推山

16. 左野马分鬃

17. 十字手

18. 转身摆莲

19. 后招

20. 捣碓收势

二、陈式太极拳三段位套路动作要领

预备式：两腿并拢，自然站立；随之向前一步，并行抱拳礼；再向后退一步，成并步直立（图 8-6-1 至图 8-6-3）。

图 8-6-1   图 8-6-2   图 8-6-3

1. 金刚起势

同一段位单练套路"金刚起势"（图 8-6-4），动作过程详见图 8-4-7 至图 8-4-15。

图 8-6-4

2. 双捋式

（1）右腿屈膝前弓，左手逆缠，右手顺缠，两手同时向下、向前画弧捋转（图 8-6-5 ）。

（2）两手继续运动，向左侧前方挤按。掌心斜向左前方，掌指斜向前（图 8-6-6 ）。

（3）接上动，身体右转变马步，左手变顺缠，两手同时画弧向右捋转，掌心斜向前，掌指斜向左前上方（图 8-6-7 ）。

图 8-6-5   图 8-6-6   图 8-6-7

3. 上步合手

身体左转，左脚尖外摆，右脚向前上步，脚跟着地，脚尖勾；左手逆缠随身体转动，右手顺缠按掌向内合于左手外侧。掌心斜向内，掌指斜向上。目视右前方（图 8-6-8 至图 8-6-9 ）。

图 8-6-8   图 8-6-9

4. 缠丝懒扎衣（右势）

（1）重心移向右腿，右腿屈膝成右弓步，右臂向右前方挤靠。左手捧随，右掌心向上，左掌按在右腕上侧（图 8-6-10 ）。

（2）接上动，左手顺缠，右手逆缠，两手同时做缠丝旋转，左手向前至左前方，右手转至右耳侧，两掌心相对（图8-6-11）。

（3）身体稍左转，右腿弓膝塌劲；右手逆缠向前旋转，变顺缠将按掌，掌心斜向前；左手向内将按在腹部（图8-6-12至图8-6-13）。

图8-6-10　　　　图8-6-11　　　　图8-6-12　　　　图8-6-13

5. 上步大将（转身右将）

（1）接上动，重心左移成马步，左手逆缠向左向上向内画弧，转至右臂内侧；同时左脚向前上步，随之屈膝前弓，右手顺缠收肘至右前侧。目视右侧前方（图8-6-14至图8-6-15）。

（2）右脚向前上步，脚尖外展；左手逆缠向前下方按掌，右手收至左肩前；随之左脚向前上步，两脚屈膝成马步（图8-6-16至图8-6-17）。

（3）身体右转，左脚尖内扣，右腿屈膝提起成左独立，同时左臂屈肘，左手向上转至左腮侧再向前推出，掌心斜向前，掌指斜向上。右手随左手转出至左肘内侧（图8-6-18至图8-6-19）。

（4）右腿向右后方落步，随之屈膝下蹲成马步；左手变顺缠，右手变逆缠，向内曲臂将转，左掌心斜向前，掌指斜向左前上方，右手顺缠至腹前。目视左前方（图8-6-20至图8-6-22）。

图8-6-14　　　　　　图8-6-15　　　　　　图8-6-16

图 8-6-17　　　　　　　　图 8-6-18　　　　　　　　图 8-6-19

图 8-6-20　　　　　　　　图 8-6-21　　　　　　　　图 8-6-22

6. 缠丝懒扎衣（左势）

（1）接上动，重心移左腿成左弓步，左手顺缠，向左前方掤挤。右手随左手转动画弧，按在左腕内侧，左掌心向上，右掌心向下（图 8-6-23）。

（2）右手顺缠，左手逆缠，两掌心斜相对，同时做缠丝旋转，右手在下，左手在上（图 8-6-24）。

（3）身体微右转，左腿弓膝塌劲，重心偏于左腿；左手顺缠向前缠按，掌心斜向前，掌指斜向上，右手向内收至腹前（图 8-6-25 至图 8-6-26）。

图 8-6-23　　　　　　图 8-6-24　　　　　　图 8-6-25　　　　　　图 8-6-26

7. 卷肱法

（1）接上动，右手逆缠，向右画弧至肩高，掌心向外，掌指斜向前（图 8-6-27）。

（2）身体左转，左脚向右脚后插步，右手顺缠向前，掌指斜向上（图 8-6-28 至图 8-6-29）。

（3）身体左转，重心偏于右腿成右弓步，同时右手顺缠向前缠按，掌心斜向前掌指斜向上；左手顺缠向内收至腹前（图 8-6-30 至图 8-6-31）。

图 8-6-27　　　　　　　　图 8-6-28　　　　　　　　图 8-6-29

图 8-6-30　　　　　　　　图 8-6-31

8. 十字绞龙

（1）身体重心左移成马步，同时右手顺缠向内画弧缠转；左手逆缠与右手合于左侧胸前，两手腕交叉成十字手（图 8-6-32）。

（2）身体重心移至右腿，同时右手顺缠向右前上方转出，掌心向右，掌指斜向前，左手逆缠向左侧下发转出，掌心向下，掌指斜向前。目视左前方（图 8-6-33）。

（3）接上动，身体右转，左脚向前上步，随之屈膝下蹲成马步；同时左手逆缠向上画弧至肩高变顺缠向右转至右侧前方，掌心斜向右，掌指斜向上；右手顺缠转至左肘下侧，掌心向左，掌指斜向上（图 8-6-34 至图 8-6-35）。

（4）身体重心左移，两腿屈膝成马步；同时加大两手顺缠，随身体缠转，左手至右前侧，右手至左侧，两掌心均朝外（图8-6-36至图8-6-37）。

图8-6-32　　　　　　　图8-6-33　　　　　　　图8-6-34

图8-6-35　　　　　　　图8-6-36　　　　　　　图8-6-37

9. 退步跨虎

（1）重心移向左腿，提起右脚向右后方撤半步，手法不变（图8-6-38）。

（2）接着身体右转，重心右移，右腿屈膝成右弓步，左腿后蹬；右手逆缠向右侧上方采出；左手逆缠向左下方缠按（图8-6-39）。

图8-6-38　　　　　　　图8-6-39

10. 前招

（1）身体稍右转，左手由左向下逆时针画弧，沿弧线向右前上方转至右手下侧，形成交叉手，掌心向下（图 8-6-40）。

（2）右脚向后撤步，随之重心移至右腿，成左虚步；同时两手向左向下画弧捋转至左膝上侧；左掌心向下，指尖斜向下；右手继续向右转至额前上方，掌心斜向上，掌指斜向左前方（图 8-6-41 至图 8-6-43）。

图 8-6-40　　　　图 8-6-41　　　　图 8-6-42　　　　图 8-6-43

11. 抹眉肱

（1）身体左转，左脚向前上一步，脚跟着地，脚尖翘起，左手逆缠向上，胎掐与肩同高，掌心斜向前，掌指斜向上，右手顺缠向下画弧收至右侧腰间，掌心向内（图 8-6-44）。

（2）重心移至左腿，右脚向前进步，脚跟着地，脚尖翘起；随之右脚踏实，右腿屈膝前弓成右弓步，右手向前发力推出，力达掌心，掌心向前，掌指向上，同时左手向内采转至腹前（图 8-6-45 至图 8-6-46）。

图 8-6-44　　　　　　图 8-6-45　　　　　　图 8-6-46

12. 懒扎衣

（1）身体微左转，右臂屈肘，右手顺缠向下向内收转至腹前；左手合于右手内侧。目视左前方（图8-6-47至图8-6-48）。

（2）右手逆缠向右前方画弧转出，掌心斜向前，掌指斜向上；左手逆缠向左侧下方画弧转出，掌心斜向下，掌指斜向前（图8-6-49）。

（3）身体右转，右脚向后退步；同时左手逆缠向上画弧随转体经由左腮侧，沿右臂上侧逆缠转出，掌心斜向左，掌指斜向前，右手顺缠向内按于腹部（图8-6-50至图8-6-51）。

（4）重心略向左移成左偏马步，左手顺缠沉肘向前缠按，掌指斜向上（图8-6-52）。

图8-6-47　　　　　　　　图8-6-48　　　　　　　　图8-6-49

图8-6-50　　　　　　　　图8-6-51　　　　　　　　图8-6-52

13. 转身高捋

（1）左臂屈肘，左手顺缠向下捋转至腹前（图8-6-53）。

（2）身体稍左转，右手扶按在左臂内侧，左手顺缠向上至胸前变逆缠，再向左前方掤出，臂成弧形，掌心斜向下，掌指斜向前上方。右手随左手再转动（图8-6-54）。

（3）身体右转，右腿弓膝塌劲；左手变顺缠，屈肘向内捋转，掌心斜向前，掌指斜向左前方；同时右手向内采转至右胸前，掌心斜向外，掌指斜向上。目随手移（图 8-6-55）。

（4）身体继续右转，左腿屈膝提起，脚尖勾起成独立式；两手随身体向右捋转，掌型不变。目视前方（图 8-6-56）。

图 8-6-53　　　　　　图 8-6-54　　　　　　图 8-6-55　　　　　　图 8-6-56

14. 右野马分鬃

（1）右腿屈膝下蹲，左脚向前上步，脚跟着地，脚尖翘起；目视前方（图 8-6-57）。

（2）身体左转，重心移至左腿，右脚向前进步，随之向前弓膝；同时左手逆缠，向左采转，右手顺缠，向下经腰间向右前方穿靠，掌心斜向上，掌指斜向前。目视右前方（图 8-6-58 至图 8-6-59）。

图 8-6-57　　　　　　图 8-6-58　　　　　　图 8-6-59

15. 抱头推山

（1）身体左转，重心移向左腿；左手变顺缠，右手逆缠，随身体侧转屈肘向内转至耳侧，两手掌心斜向内，掌指斜向上（图 8-6-60）。

（2）身体右转，两手向下落至胸前；随之右腿屈膝前弓成右弓步，同时，两手逆缠向右前方推出。掌心向前，掌指斜向上。目视前方（图8-6-61）。

图8-6-60　　　　　　　　　图8-6-61

16. 左野马分鬃

（1）身体右转，右脚尖外展，左脚向前进步，右手逆缠向右上方采捋，掌心斜向前，掌指斜向左，左手顺缠向下转至左侧腹前，掌心斜向前，掌指斜向左前方（图8-6-62至图8-6-63）。

（2）左腿屈膝前弓，同时左手顺缠向左前穿靠，手与肩同高，掌心向上，掌指向左前方（图8-6-64）。

图8-6-62　　　　　　图8-6-63　　　　　　　图8-6-64

17. 十字手

（1）身体左转，左腿向右腿后撤步；左手逆缠向左采转，右手随身体转动至腹前（图8-6-65）。

（2）接上动，两腿屈膝下蹲成马步，左手顺缠画弧向内转至胸前，右手逆缠向上至肩高，变顺缠向内画弧合至左腕内侧。两手成十字手。两掌心斜向外，掌指斜向上。目视右前方（图8-6-66）。

图 8-6-65　　　　　　　　　　　　图 8-6-66

18. 转身摆莲

（1）身体右转，右脚尖外展，左脚向前上步，脚尖内扣，两手打开，左手顺缠，右手逆缠，双手随身体转动向右捋转至右侧前方，掌指斜向上（图 8-6-67 至图 8-6-68）。

（2）身体继续右转，重心移向左腿，右腿屈膝提起成左独立式；同时两手继续向右平摆至右侧前方，掌心斜向右，掌指斜向上。目视左前方（图 8-6-69 至图 8-6-70）。

（3）右脚向上向右顺时针摆转，两手依次击拍脚面；接着屈膝提住形成左独立式；两手随之摆转至右侧前方，掌心斜向右，掌指斜向上。目视左前方（图 8-6-71 至图 8-6-72）。

动作要点：两手依次击拍脚面。

图 8-6-67　　　　　　　图 8-6-68　　　　　　　图 8-6-69

技术篇

图 8-6-70　　　　　图 8-6-71　　　　　图 8-6-72

19. 后招

（1）右脚向右后方落布，同时右手向右上方画弧引采，掌心斜向前，掌指斜向上，左手下落至左腿外侧，掌心斜向前，掌指斜向下（图 8-6-73）。

（2）身体重心移至右腿，左脚向内收回成虚步，同时左手向内捋转引化，掌心斜向下，掌指斜向前下方，右手随转。目视左前方（图 8-6-74）。

动作要点：左手向右引化。

图 8-6-73　　　　　　　　　图 8-6-74

20. 捣碓收势

同一段段收势部分"捣碓收势"，参见图 8-4-41 至图 8-4-50。

陈式太极拳三段位套路

第九章

太极拳初级器械套路

第一节　初级太极扇

太极扇是一种风格独特的武术健身项目，它融合了太极拳与其他武术、舞蹈的动作，太极与扇的挥舞动作结合之下，刚柔并济、可攻可守，充满了飘逸潇洒的美感与武术的阳刚威仪，是同时具有观赏性及艺术性的健身运动。

一、太极扇的结构

1.扇器结构：扇的形状分为扇棒和扇面。合扇时形状称为扇棒，主要用于做出各种防守和进攻动作；打开时的形状称为扇面，可以做出扑朔迷离、变化莫测的技击动作（图9-1-1）。

（1）扇面：指扇的页面。

（2）扇沿：指扇面上端的弧形边沿。

（3）扇颈：古称小骨，扇柄之间的细枝，较扇柄轻而薄，有支撑扇面的作用，一般用10根竹子做成，较薄。

（4）扇柄：古称大骨，手握持的部分，较扇颈宽而厚，一般用两根竹子做成，宽而厚。扇柄上首部分称为扇首，中间部分称为扇身，较细的一端称为扇根。

目前，用于习练的太极扇主要有两种规格，一种适合中等身材以下习练者使用，长度约为33厘米，一种适合较高身材者使用，长度约为40厘米。选择太极扇时，扇柄、扇颈要轻重适度；扇面可用不同颜色的绸子进行装饰，增加习练乐趣。

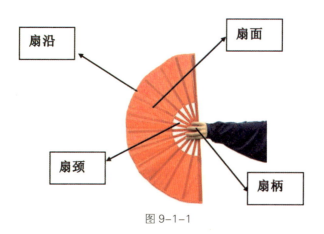

图 9-1-1

二、基本扇法

1. 握扇法

（1）合扇正手螺旋握扇：拇指和食指扣紧扇根部位，其余三指自然屈握于食指下方。

（2）合扇倒握：手螺旋握扇，拇指和食指紧握扇首部位，其余三指自然屈握于食指下方，扇根朝上。

（3）合扇满握：手满把握住扇根一侧，虎口朝斜下方。

（4）开扇握扇法：手握扇根，拇指一侧扣紧扇根，其余四指螺旋屈握扇根另一侧。具体可分为：掌心朝上螺旋握法、掌心朝下螺旋握法、掌心朝左螺旋握法、掌心朝右螺旋握法、掌心朝前握法、掌心朝后握法。

（5）换手接扇法：右手握扇，手心朝上，左手拇指朝上，以虎口为力点接握扇。

2. 开扇法：扇由合到开和开扇的技击方法

（1）正平开扇：右手握扇，在体前由右向左突然抖腕开扇，力达扇沿。

（2）反平开扇：右手握扇，由左朝右掌心朝外突然抖腕开扇，力达扇沿。

（3）平立扇：右手握扇，由下向上撩击，直臂抖腕立开扇法。

（4）倒立扇：右手握扇，由上向下抖腕倒立开扇法，主要用于向下击打。

（5）反立扇：右手握扇，由前向后反臂抖腕立开扇，扇柄斜向上，主要用于向后撩击。

（6）托立扇：右手握扇，抱于胸前，左手托在右手下方，主要用于胸前防守。

（7）竖立扇：右手握扇，由后向前直臂上举，抖腕立开扇，以扇沿为力点，主要用于防守头部的动作。

（8）云扇：右手握扇，经头上方画圆，翻腕旋臂。

（9）穿扇：右手握扇，扇沿领先朝左臂下方穿扇。

（10）下切扇：右手握扇，以扇沿为力点，直线向下切击。

（11）刺扇：将扇水平向前刺出，包括平刺扇、斜下刺扇、斜上刺扇等，要求力达扇沿。

3. 合扇法：指合扇做的一些技击方法

（1）挂扇：右手握扇根，虎口朝下，扣腕，一般在身体的左右侧走立圆。

（2）撩扇：右手握扇根，小臂外旋，以小指一侧为力点，由下向上撩击，或在身体左右侧撩扇走立圆。

（3）上击扇：右手握扇根，以扇首为力点，一般技击部位是头的斜上方。

4. 抛扇法：指开扇或合扇时抛接的一些带有技巧性的方法

（1）合扇抛接：手握扇首，将扇抛起在空中调换方向，扇首朝前，落下时右手接握扇根，称为正抛；反之则为反抛。

（2）开扇抛接：转身抛起正手接握扇，右手接握扇根。抛握在空中旋转一圈，落下时由右手反接，握扇柄下端，然后在手中收扇。

三、太极扇基本手型和手法

1.立掌：五指自然伸展分开，虎口向上，腕微坐（图9-1-2）。

图9-1-2　　　　　　　　　　图9-1-3

2.仰掌：五指自然伸展，腕部伸直，掌心向上为仰掌，或称托掌；反之掌心向下，称为拊掌、按掌（图9-1-3）。

3.横掌：五指自然张开，小指一侧朝上，扣腕，小臂内旋，掌心朝外推。横掌是杨氏太极扇常用的一种掌型，可以锻炼人的手腕旋臂能力（图9-1-4）。

4.捋手：两臂自然伸直，肘部微屈，以两手为力点在身体的左右捋动（图

9-1-5）。

图 9-1-4

图 9-1-5

5. 推挤：右手握扇，以掌背为力点，左掌合挤于右手腕内侧，同时向前推挤（图9-1-6）。

6. 揽手：左手由左向右经脸前立掌做揽的动作（图9-1-7）。

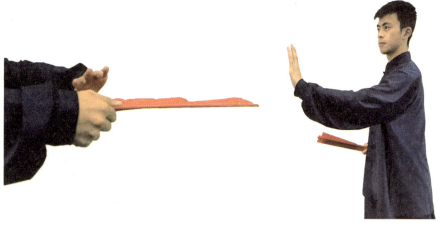

图 9-1-6

图 9-1-7

四、初级太极扇动作名称

1. 起势

2. 白鹤亮翅

3. 野马分鬃

4. 懒扎衣

5. 随风摆柳

6. 迎风掸尘

7. 顺水推舟

初级太极扇的概述

8. 斜形拗步

9. 双峰贯耳

10. 翻身打虎

11. 跳提膝开扇

12. 双震脚

13. 蹬脚

14. 上步撩扇

15. 云扇

16. 野马分鬃

17. 落叶归根

18. 风摆荷叶

19. 霸王举鼎

20. 风扫秋叶

21. 收势

初级太极扇完整演示

五、初级太极扇动作要领

1. 起势

身体直立，左手持扇，提气开左步同肩宽，两手向外合拢于胸前，同时沉气屈膝，目视前方（图 9-1-8 至图 9-1-9）。

图 9-1-8　　　　　　　　　图 9-1-9

2. 白鹤亮翅

（1）换扇后撤。右手接扇柄向左下画弧至右腹前，左手变掌于胸前，掌心向下，

技术篇

同时右脚向后撤半步，掌心相对（图9-1-10）；

（2）虚步开扇。右手向右、向上弧形举至头的右上方，左手按于左胯旁，掌心向下，同时左脚向前，脚掌点地成左虚步，右手开扇（图9-1-11）。

图9-1-10　　　　　　　　　图9-1-11

3. 野马分鬃

（1）并步收扇。右手下落至胸前收扇，左脚收回至右脚旁；随后左掌向前、向右下弧形至腹前，右手持扇向后、向左上弧形至胸前，同时身体右转，两手相对（图9-1-12）；

（2）左脚向前方迈步，先脚跟着地然后全脚踏实，左腿屈膝前弓，右腿蹬直，成左弓步；同时，左掌向左前方分举，掌心朝上高与肩平；右手持扇按于右胯外侧（图9-1-13）。

图9-1-12　　　　　　　　　图9-1-13

4. 懒扎衣

（1）左脚外摆45°，重心移于左脚，右脚提起后以脚跟内侧贴地向右铲出；

同时，左手向上画弧，右手持扇向下画弧后至胸前交叉，左手搭于右腕内侧（图9-1-14）；

（2）重心右移，上体微左转，右手内旋；接着重心继续右转，上体再随之右转，同时右手向右平带至右脚前方，塌腕立扇，腕与肩同高；左手屈肘下落放至胯上，目视右手（图9-1-15）。

图 9-1-14　　　　　　　　　　　　　图 9-1-15

5. 随风摆柳

（1）右手向下、向左画弧经半马步，右脚内扣，双手经过平捋，右脚收回于左脚跟后面；

（2）双手不停继续向下、向左画弧，左脚侧步脚跟着地，左手搂膝打开（图9-1-16）。

图 9-1-16

6. 迎风掸尘

重心移到左腿，提右膝独立抖腕开扇，左手外撑，身体略微朝左斜方（图9-1-17）。

7. 顺水推舟

右脚向左斜方脚跟落步，立扇推扇同时全脚踏实，左右手前后对拉，左手伸向左后方，目视右手（图9-1-18）。

图9-1-17　　　　　　　　　　图9-1-18

8. 斜形拗步

（1）左脚收于右脚旁，左手接过扇柄；随后身体微右转，同时左脚侧步脚尖落地；

（2）接着上体左转，左手持扇随转体向右、向下、向左，经腹前过左膝置于左胸前，右掌屈肘置于右耳侧，掌心向内，目视左手（图9-1-19）；

（3）随后身体右转，右掌从右耳向左、同时经胸前向右画弧平展，两腿屈膝，重心稍右移；接着重心左移，身体微左转，两臂微屈并外旋，沉肩坠肘松腕，目视右掌（图9-1-20）。

图9-1-19　　　　　　　　　　图9-1-20

9. 双峰贯耳

身体左转，两手由两侧画弧向左前方以手腕贯击，高与耳平，两臂呈半圆形（图9-1-21）。

图 9-1-21

10. 翻身打虎

（1）合扇退步。两手向两侧向下画弧于左腿上方，右手接扇随即合扇，随后右脚收回再向左后方退步，身体右转，右手向下、向右前方反撩，左手向下向左后方撑开（图9-1-22）；

（2）翻身开扇。两手翻转身体右旋扣左脚摆右脚成右弓步，左手架于头侧上方，右手开扇，扇沿朝下，目视右手（图9-1-23）。

图 9-1-22

图 9-1-23

初级太极扇

11. 跳提膝开扇

（1）右手手腕向下、向内翻转一周，手心朝上并收扇，同时左脚并步收回，左手收至右小臂上（图9-1-24）；

（2）接着右脚向身体前方上步，脚后跟落地，随后摆脚90°，上身转体，向右脚移重心，左脚收回于右脚旁之后向下全蹲，同时双手随转体平带，在下蹲的时候右手向下至右脚旁，手心朝上，左手向下至左膝前方，手心朝下（图9-1-25）；

（3）然后发力蹬起，左腿提膝，右腿伸直自然下垂，同时右手向右侧方开扇，左手向左侧方撑开，目视右手前方，随后右脚、左脚依次缓冲下落（图9-1-26）。

图9-1-24　　　　　　　　　图9-1-25　　　　　　　　　图9-1-26

12. 双震脚

（1）右脚向后撤步，同时双手收回，左手搭于右手手腕处，身体微左转，双手向身体左侧方向上、向左、向下画弧（图9-1-27）；

（2）左脚向后撤步，同时双手向前向两侧打开，身体微右转，左右手分别向上、向两侧、向下画弧后从身前托起，过程中目随右手（图9-1-28）；

（3）右腿屈膝上提，左脚蹬地跳起，双手同时托于胸前，右腕稍高于肩，左手在右肘内侧，左脚、右脚依次下落震地；同时两手按于胯前，右手持扇在前，左手在右肘内侧，掌心均向下，目视前方（图9-1-29）。

图 9-1-27   图 9-1-28   图 9-1-29

13. 蹬脚

双手收回于胸前掌心向外，右脚屈膝提起，脚尖勾起；随后发力，右脚向前蹬出，右手随右脚方向推出，左手向头顶左侧上方推出，左脚支撑伸直（图 9-1-30）。

图 9-1-30

14. 上步撩扇

（1）右手收回于右腰，左腿屈膝，右脚向前上步脚跟落地，同时右手持扇向后画弧，左手搭于右腕（图 9-1-31）；

（2）左脚向前迈步，随后重心移于左脚，右脚继续向前上步，接着全掌着地，重心前移成右弓步，同时左手从腹前画弧向左侧方撑开，右手向前开扇（图 9-1-32）。

技术篇

图 9-1-31　　　　　　　　　　图 9-1-32

15. 云扇

（1）身体左转，右手向下、向左弧形运转经腹前至左胯旁，左手经胸前向左平带，掌心朝外，同时右脚内扣，两臂均成半圆形，重心稍向左腿偏移（图 9-1-33）；

（2）身体右转，右手持扇由下向上、向右弧形经胸前至右侧方，高与肩平，扇面朝上；左手由上向下、向右弧形经腹前按于右胯旁，掌心向下，同时左腿收回于右腿旁一拳距离，两腿微屈，脚尖朝前（图 9-1-34）；

（3）身体左转，右手由上向下、向左弧形运转经腹前至左胯旁，左手由下向上、向左经胸前至左侧方，掌心朝外，同时重心移于左脚，右脚向右横开步，脚尖先着地（同图 9-1-33）；

（4）身体右转，右手持扇由下向上、向右弧形经胸前至右侧方，高与肩平，扇面朝上；左手由上向下、向右弧形经腹前按于右胯旁，掌心向下，同时左腿收回于右腿旁一拳距离，两腿微屈，脚尖朝前（同图 9-1-34）。

图 9-1-33　　　　　　　　　　图 9-1-34

16. 野马分鬃

双手画弧抱圆，左手在上至胸前掌心向下，右手持扇在下至腹前，两手相对；随后重心移于左腿，右腿出步脚跟着地，接着全脚踏实，右腿屈膝前弓，左腿蹬直，成右弓步，同时，右手持扇向右前方分举，高与肩平；左手按于左胯外侧，目视右手（图9-1-35 至图9-1-36）。

图 9-1-35　　　　　　　　　　　　　　图 9-1-36

17. 歇步开扇

右脚内扣，左脚收回落于右腿右后方，屈膝下蹲成歇步，同时右手向左、向下弧形至右斜下方开扇，左手向左侧上方撑开，掌心向外（图9-1-37）。

图 9-1-37

18. 风摆荷叶

（1）右手持扇收于后背，左手收回至右胸前，随后身体缓慢起身向左旋转，随转体右脚尖内扣，左脚尖外摆成虚步，重心在右脚，同时右手持扇与手臂保持直线斜向下，掌心朝下，左手合于右小臂内（图9-1-38）；

图 9-1-38

（2）右手持扇继续从下向上画弧至于头上，同时稍后倒仰头，经过头后两手向两侧分开，随后合于胸前，扇面朝上；同时右脚收回并上步脚跟着地，屈膝成弓步，左手搭于右腕处向前伸出（图 9-1-39 至图 9-1-40）；

图 9-1-39   图 9-1-40

（3）右手持扇使扇面竖立，左手按扇柄，辅助收扇，左脚并步收回；随后右手收回至腰间后向前刺扇，左手按于胸前后收至右肘内侧（图 9-1-41 至图 9-1-42）。

图 9-1-41   图 9-1-42

19. 霸王举鼎

（1）身体左转重心移于左脚，右脚内扣，同时右手持扇经胸前平带，左手收回于左腰旁；随后重心右移，左脚内扣，同时左手平带，右手收回于右腰旁；

（2）随后收左脚站立，举右手开扇，贴于右耳，左手收至右臂内侧，眼看左前方（图9-1-43）。

图 9-1-43

20. 风扫秋叶

（1）右脚屈膝下蹲左脚向前迈出，脚跟落地，右手持扇向左向里穿扇，左手向左向外画弧与肩同高（图9-1-44）；

（2）右脚上步摆脚同时小臂内旋外撑，接着左脚上步内扣翻扇成立扇，随转体继续向右转同时右脚上步外摆（图9-1-45）；

（3）左脚前上步扣脚，拨扇转身放于背后，同时重心移于左脚成虚步，左手放至于胸前；此动作过程要顺畅，步法为圆形路线，有风扫秋叶之势，扇子不得贴于背（图9-1-46）。

图 9-1-44　　　　　　图 9-1-45　　　　　　图 9-1-46

21. 收势

右脚向右迈步，两脚与肩同宽，同时右手持扇在头顶做一扇花，随后与左手收回于腹前，向两侧、向上、向前弧形合抱成站桩姿势，随后双手翻转掌心朝下，沉肩坠肘下按，两腿自然站起，左脚并回，双手自然下垂，目视前方（图 9-1-47 至图 9-1-50 ）。

| 图 9-1-47 | 图 9-1-48 | 图 9-1-49 | 图 9-1-50 |

初级太极扇

第二节 初级太极剑

太极剑是太极拳运动的一个重要内容，它兼有太极拳和剑术两种风格特点，一方面，它要像太极拳一样，表现出轻灵柔和，绵绵不断，重意不重力；另一方面，它还要表现出剑法清楚、形神兼备的剑术演练风格。

剑是我国古代兵器，曾被誉为"百兵之君"，其发展历史可追溯到传说中的黄帝时期，《广皇帝本行纪》中便有记载："帝采首山之铜铸剑，以天文古字题铭其上。"此后的夏、商、西周各代，均有铸剑的历史记载。秦汉时期，剑术有了进一步发展，许多与剑相关的事件都成为历史的见证，如"汉高祖布衣提剑取天下""项庄起舞"等。汉时，甚至出现了"自天子到百官，无不佩剑"的景象，而且还出现了剑术高手，如张仲、雷被、王越等。在西汉后期盛行的"百戏"中，还出现了剑术与舞蹈相结合的表演艺人。

晋代以后，佛教和道教兴起，虽然热闹的习剑景象趋于平淡，却出现了宗教和剑结合的现象。到了唐朝，剑术再次振兴。朝野上下，文武将相，儒道戏杂，都以习武为能事。诗圣杜甫一生以剑为伴；著名画家吴道子观看了舞剑后，深受启发，书画"有若神助"，技艺大为长进，这也说明了剑术在技击方面有独到之处，在精神和艺术方面也有十足的感染力。

元代是剑术发展的"坎坷"期。明清时期，武术虽然有了进一步发展，形成了许多门派和流派，但剑术的地位远远下降，主要表现在三方面：其一，剑术的军事地位下降；其二，精通剑术的高手极为罕见；其三，剑术附于各种拳术中，丧失了独立地位。

在中华人民共和国成立前，虽然提倡"国术救国"，从中央到地方设立"国术馆"，实际上武术家的生活很艰难，群众武术活动仍处于自发自流的状态。直到中华人民共和国成立，武术作为民族项目，经过整理和继承，得到空前发展，其内容不断丰富，技术日益提高。

现在，太极剑以其独特的魅力和风采，深受广大群众的喜爱，不仅遍及国内城乡，在海外也广为流传，而且已被列为全国武术比赛的正式竞赛项目。

一、剑的结构

中国古代的剑有巨剑、长剑、短剑、小剑之分；现代的剑以比赛用剑为准。原国家体委《1993 年太极拳、剑竞赛规则》规定：剑的长度以直臂反手持剑的姿势为准，剑尖不得低于本人耳上端。剑应为钢制，并带短剑穗。剑的重量（包括剑穗）男子不得轻于 0.6 千克；女子不得轻于 0.5 千克；儿童（不满 12 周岁）重量不限制。剑的硬度，当剑垂直剑尖触地时，剑身不得弯曲。

剑的结构古今大致相同，可分为剑身和剑把两段，由以下各部分组成（图9-2-1）。

（1）剑刃：剑身两侧锋利的薄刃。

（2）剑尖：剑身锋锐的尖端。

（3）剑面：剑身的平面部分。

（4）剑脊：剑面长轴隆起的部位。

（5）剑柄：剑把上贴手的部位，又称剑茎。

（6）剑格：剑柄与剑身相隔的突出处，多呈凹形，又称护手。

（7）剑首：剑柄后端的突出部，多呈凸形，又称剑墩、剑镡。

（8）剑穗：附在剑首上丝织的穗子，又称剑袍。

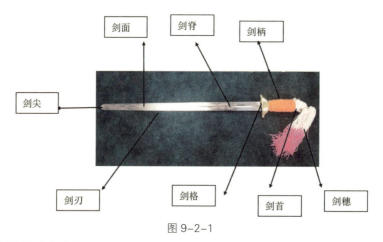

图 9-2-1

二、剑的基本握法

提剑的方法称为握法或把法。正确的握法不仅是准确表现剑法的先决条件，而且也是技术熟练的重要标志。初学者往往握剑比较僵硬，剑在手中不能灵活运转，致使剑法表现不清楚，力点不准确。随着不同剑法的需要，握剑的方法主要有以下6种。

1. 正握：虎口向上，手握剑柄，小指、食指、无名指、中指依次紧握成螺旋形卷握，多用于刺剑、劈剑（图 9-2-2）。

2. 拳握：五个手指成拳形握剑，一般多用于推剑、拦剑、抹剑、托剑等（图 9-2-3）。

图 9-2-2

图 9-2-3

3. 反握：手臂向里旋转，虎口向下，手心向外，拇指上卷或支于剑柄下方，向上用力，中指、无名指、小指向下勾压，一般多用于撩剑、反刺剑等（图 9-2-4）。

4. 钳握：拇指、食指与虎口钳夹，其余三指松握，一般用于抽剑、挂剑、云剑、挑剑等（图 9-2-5）。

图 9-2-4   图 9-2-5

5. 反手握：剑贴于前臂后方，食指贴于剑柄，指尖朝向剑首，其余四指扣握于护手。多用于太极剑的起收势和反手剑术练习中（图 9-2-6）。

6. 垫握：食指伸直，垫在护手下面助力和控制剑的方向，拇指也伸直，其余三指屈指，一般多用于绞剑、削剑、击剑等（图 9-2-7）。

图 9-2-6   图 9-2-7

三、手型

在剑术练习中，不持剑的手要捏成"剑指"，也称剑诀、戟指。剑指的握法是食指、中指并拢伸直，其余三指屈握掌心，拇指压在无名指前端的指骨上。剑指运用得合理得当，与剑法相应配合，可以助势助力，平衡动作，增加太极剑剑法的表现和神采（图 9-2-8）。

图 9-2-8

四、基本剑法

古代剑术把击、刺、格、洗四类剑法称为母剑。所谓击法，指用剑刃前端去点啄、敲击，如崩剑、击剑等剑法；刺法是通过臂的屈伸，用剑尖进攻对方；格法是用剑刃去攻取或拦截对方，如劈剑、斩剑、扫剑、截剑等；洗法是通过剑的滑动和挥摆，剑刃形成切割或削割，如带剑、抹剑、撩剑、削剑等。现代剑术中的剑法十分丰富，现将基本、多用的剑法介绍如下。

（1）刺剑：以剑尖直取对方，经腰侧向前直刺，臂与肩成一条直线，与肩同高，力达剑尖。刺剑可分为立刺剑与平刺剑，剑刃上下为立刺剑，剑刃左右为平刺剑。

（2）劈剑：立剑由上而下用力，力点在剑刃，手臂与剑成一直线。

（3）挂剑：剑尖后勾，立剑由前向后上方或后下方隔开对方进攻，力点在剑刃前端。

（4）云剑：平剑在体前、体侧或头顶平圆绕环，用以拨开对方进攻，力在剑刃。

（5）抹剑：平剑由左向右，或由右向左切割，切割时剑把领先，高度在颈部、胸部、腹部，力点顺剑刃滑动。

（7）绞剑：平剑沿顺时针或逆时针方向立圆环绕，力在剑刃前部。

（8）带剑：平剑由前向侧后方屈臂抽割，力点沿剑刃滑动。

（9）抽剑：立剑由前向后抽割，臂由伸而屈，力点沿剑刃滑动。

（10）推剑：剑身竖直或横平，由内向外推出，力在剑刃后部。

（11）扫剑：平剑由后向前或由左向右挥摆，扫剑时转腰挥臂，力在剑刃。

（12）挽剑：以腕为轴，使剑在臂的内侧或外侧绕立圆，又称挽腕花。

（13）托剑：剑身平放，由下向上为托，腕与头平，力达剑身中部。

（14）点剑：立剑用剑锋向下点啄，力达剑刃前端。

（15）架剑：立剑向上托举，高过头部，力在剑刃。

（16）截剑：立剑或平剑切断、阻截对方，力在剑刃。

（17）压剑：平剑由上向下按压，力在剑面。

（18）拦剑：立剑向前上拦截，力点在剑刃中、后部。

（19）撩剑：立剑反手由下向上撩出，力点在剑刃前部。

初级太极剑的概述

五、32 式剑动作名称

起势

1. 并步点剑	17. 转身回抽
2. 独立反刺	18. 并步平刺
3. 扑步横扫	19. 左弓步拦
4. 向右平带	20. 右弓步拦
5. 向左平带	21. 左弓步拦
6. 独立抢劈	22. 进步反刺
7. 退步回抽	23. 反身回劈
8. 独立上刺	24. 虚步点剑
9. 虚步下截	25. 独立平托
10. 左弓步刺	26. 弓步挂劈
11. 转身斜带	27. 虚步抢劈
12. 缩身斜带	28. 撤步反击
13. 提膝捧剑	29. 进步平刺
14. 跳步平刺	30. 丁步回抽
15. 左虚步撩	31. 旋转平抹
16. 右弓步撩	32. 弓步直刺

收势

六、32 式太极剑动作要领

起势

身体正直，两脚开立，与肩同宽，脚尖向前；两臂自然垂于身体两侧，左手持剑，剑尖向上，剑身竖直，目视前方。右手握成剑指，两臂慢慢向前平举，高与肩平，手心向下，目视前方（图 9-2-9 至图 9-2-10）。

图 9-2-9　　　　　　　图 9-2-10

上体略向右转，身体重心移于右腿，屈膝下蹲，然后再向左转体，左腿提起向左侧前方迈出，成左弓步；左手持剑随即经体前向左下方搂出，停于左胯旁，剑立于左臂后，剑尖向上；同时右手剑指下落转成掌心向上，由右后方屈肘上举经耳旁随转动方向向前指出，高与眼平。眼先向右视，然后向前视右剑指（图9-2-11至图9-2-12）。

图9-2-11   图9-2-12

臂屈肘上提，左手持剑经胸前从右手上穿出，右剑指翻转（手心向上），并慢慢下落撤至右后方（手心仍向上），两臂前后展平，身体后转；与此同时，右腿提起向前横落，脚尖外撇，两腿交叉，膝部弯曲，左脚脚跟离地，身体稍向下坐，成半坐盘势，目视右手（图9-2-13）。

左手持剑和右脚的位置不动，左脚前进一步，成左弓步；同时身体向左扭转，右手剑指随之经头部右上方向前落于剑把之上，准备接剑，目视前方（图9-2-14）。

图9-2-13   图9-2-14

第一段

1. 并步点剑

左手食指向中指一侧靠拢，右手松开剑指，虎口对着护手，将剑接换过，并使剑在身体左侧划一立圆。然后剑尖向前下点，剑尖略向下垂，右臂要平直；左手变成剑指，附于右手腕部；同时右脚前进向左脚靠拢并齐，脚尖向前，身体略下蹲，目视剑尖（图 9-2-15）。

图 9-2-15　　　　　　　　　　图 9-2-16

2. 独立反刺

右脚向右后方撤一步，随即身体右后转，然后左脚收至右脚内侧，脚尖点地；同时，右手持剑经体前下方撤至右后方，右腕翻转，剑尖上挑；左手剑指随剑回撤，停于右肩旁。目视剑尖（图 9-2-16 至图 9-2-17）。

上体左转，左膝提起，成独立式；同时右手渐渐上举，使剑架于头顶上方，左手剑指则经下颏处随转体向前指出，跟剑方向一致，高与眼平，目视剑指（图 9-2-18）。

图 9-2-17　　　　　　　　　　图 9-2-18

3. 仆步横扫

上体右转，剑随转体向右方劈下与右脚方向一致，右臂与剑平直，左剑指落于右手腕部；在转体的同时，右膝前弓，左腿向左横落撤步，膝部伸直，目视剑尖（图9-2-19）。

图 9-2-19

身体向左转，左手剑指经体前顺左肋反插，向后、向左上方画弧举起至左额前上方，手心斜向上；右手持剑翻掌，手心向上，使剑由下向左上方平扫，力在剑刃中部，剑高与胸平；在转体的同时，右膝弯曲成半仆步；此势不停，接着身体重心逐渐前移，左脚尖外撇，左腿屈膝，右脚尖里扣，右腿自然伸直，变成左弓步，目视剑尖（图9-2-20）。

图 9-2-20

4. 向右平带

右脚提起经左腿内侧向右前方跨出一步，成右弓步；同时，右手剑向前引伸，然后翻转手心向下，将剑向右斜方慢慢回带，屈肘，握剑手带至右肋前方，力在右剑刃，剑尖略高于手；左手剑指下落附于右手腕部，目视剑尖（图9-2-21）。

图 9-2-21

5. 向左平带

右手剑向前引伸，并慢慢翻掌将剑向左斜方回带，屈肘握剑手带至左肋前方，力在左剑刃，左手剑指经体前左肋向左上方画弧举起至左额上方，手心斜向上；与此同时，左脚经右腿内侧向左前方迈出一步，成左弓步，目视剑尖（图 9-2-22）。

图 9-2-22

6. 独立抡劈

收右脚，同时左手从头部左上方落至右腕部；然后身体左转，右手抽剑由前向下、向后画弧，经身体左下方旋臂翻腕上举，向前下方正手立剑劈下；左手剑指则由身体左侧向下、向后转至左额上方，掌心斜向上；在抡劈剑的同时，右脚前进一步，左腿屈膝提起，成独立步，目视剑尖（图 9-2-23 至图 9-2-24）。

图 9-2-23   图 9-2-24

7. 退步回抽

左脚向后落下，屈膝；同时，右手剑抽回，剑把靠近左肋旁边；左手剑指下落附于剑把上，目视剑尖（图 9-2-25）。

8. 独立上刺

身体微向右转，面向前方，右脚前进一步，左腿屈膝提起，成独立步；同时，右手剑向前上方刺出（手心向上），力注剑尖，剑尖高与眼平；左手仍附在右手腕部，目视剑尖（图 9-2-26）。

图 9-2-25   图 9-2-26

初级太极剑第一段

第二段

9. 虚步下截

左脚向左后方落步，上移重心收右脚后，随即出脚脚尖点地，成右虚步；同时，右手剑先随身体左转再随身体右转，经体前向右、向下按（截），力注剑刃，剑尖略下垂，高与膝平；左剑指由左后方绕行至左额上方，掌心斜向上，目视右前方（图9-2-27 至图9-2-28）。

图 9-2-27

图 9-2-28

10. 左弓步刺

右脚向右后方回撤一步，左脚收至右腿内侧后再向左前方迈出，成左弓步，面向左前方；同时，右手剑随身体转动经面前向后向下抽卷，再向左前方刺出，手心向上，力注剑尖；左手剑指向右、向下落，经体前再向左、向上绕行至左额上方，手心斜向上，臂要撑圆，目视剑尖（图9-2-29 至图9-2-30）。

图 9-2-29

图 9-2-30

技术篇

11. 转身斜带

身体重心后移，左脚尖里扣，上体右转，随后身体重心又移至左脚上，右腿提起，贴于左腿内侧；同时，右手剑收回横置胸前，掌心仍向上；左剑指落于右手腕部，目视左方（图9-2-31）。

图9-2-31

上式不停，向右后方转体，右脚向右侧方迈出，成右弓步；同时右手剑随转体翻腕，掌心向下并向身体右侧外带（剑尖略高），力在剑刃外侧；左剑指仍附于右手腕部，目视剑尖（图9-2-32）。

图9-2-32 　　　　　　　　　　　图9-2-33

12. 缩身斜带

左腿提起后再向原位置落下，身体重心移于左腿，右脚撤到左脚内侧，脚尖点地；同时，右手翻掌，手心向上并使剑向左侧回带（剑尖略高），力在剑刃外侧；左手剑指随即由体前向下反插，再向后、向上绕行画弧落于右手腕部，目视剑尖（图9-2-33）。

13. 提膝捧剑

右脚后退一步；左脚也微向后撤，脚尖着地；同时两手平行分开，手心均向下，剑身斜置于身体右侧，剑尖位于体前，左剑指置于身体左侧（图9-2-34）。

左脚略向前进，右膝向前提起成独立式；同时右手剑把与左手在胸前相合，左手捧托在右手背下，两臂微屈，剑在胸前，剑身直向前方，剑尖略高，目视前方（图9-2-35）。

图9-2-34　　　　　　　　　图9-2-35

14. 跳步平刺

右脚向前落下，身体重心前移，然后右脚尖用力蹬地，左脚随即前进一步踏实，右脚在左脚将落未落地时，迅速向左腿靠拢（脚不落地）；同时，两手捧剑先微向回收，紧接随右脚落地再直向前伸刺，然后随左脚落地两手分开撤回身体两侧，两手手心都向下，左手再变剑指，目视前方（图9-2-36至图9-2-37）。

右脚再向前上一步，成右弓步；同时，右手剑向前平刺（手心向上），力注剑尖；左手剑指由左后方上举，绕至左额上方，手心斜向上，目视剑尖（图9-2-38）。

图9-2-36　　　　　　图9-2-37　　　　　　图9-2-38

15. 左虚步撩

身体重心后移至左腿上，上体左转，右脚回收再向前垫步，脚尖外撇，再向右转体，身体重心前移至右腿，左脚随即前进一步，脚尖着地，成左虚步；同时，右手剑随身体转动经左上方向后、向下、立剑向前撩出（前臂内旋，手心向外），力在剑刃前部，剑把停于头前，剑尖略低；左手剑指在上体左转时即下落附于右腕部，随右手绕转，目视前方（图9-2-39 至图9-2-40）。

图 9-2-39　　　　　　　　　图 9-2-40

16. 右弓步撩

身体先向右转，剑由上向后绕环，掌心向外，剑指随剑绕行附于右臂内侧；随之左脚向前垫步，右脚继而前进一步，成右弓步；右手剑随着上右步由下向前立剑撩出（前臂外旋，手心向外），剑与肩平，力在剑刃前部；剑指则由下向上绕行至左额上方，手心斜向上，目视前方（图9-2-41 至图9-2-42）。

图 9-2-41　　　　　　　　　图 9-2-42

初级太极剑第二段

第三段

17. 转身回抽

身体左转，重心后移，右脚脚尖里扣，左脚脚尖稍外展，右腿蹬直，成侧弓步；同时，右手将剑柄收引到胸前，剑尖向右后，剑指仍附于右腕上；然后身体再向左转，随转体剑向左前方劈下，力在剑刃（剑身要平），左手剑指附于右腕部，目视剑尖（图9-2-43）。

图9-2-43

身体重心后移至右腿，右膝稍屈，左脚回撤，脚尖点地，成左虚步；同时，剑抽回至身体右侧；左剑指收回再经胸前、下颏处向前指出，高与眼齐，目视剑指（图9-2-44至图9-2-45）。

图9-2-44   图9-2-45

18. 并步平刺

左脚略向左移，右脚向左脚靠拢成并步，面向前方，身体直立；同时剑指向左

技术篇

转并向右下方画弧，反转变掌。捧托在右手下，然后两手捧剑向前平刺，手心向上，力注剑尖，高与胸平，目视前方（图9-2-46）。

图 9-2-46

19. 左弓步拦

右手翻腕后抽，随身体右转由前向右转动，再随身体左转经右后方向下、向左前方托起拦出，剑身至胸前，力在剑刃；剑指则向右、向下、向上绕行，停于左额上方，手心斜向上；在身体左转时，左脚向左前方进一步，左腿屈膝，成左弓步。眼先随剑向右后视，后平视前方（图9-2-47至图9-2-48）。

图 9-2-47   图 9-2-48

20. 右弓步拦

身体重心微向后移，左脚尖外撇，身体先向左转再向右转；在转体的同时，右脚经左脚内侧向右前方进一步，成右弓步；右手剑由左后方划一整圆向右前托起拦出（前臂内旋，手心向外），力在剑刃，剑身与头平；左剑指附于右手腕部，目视剑尖（图9-2-49）。

21. 左弓步拦

身体重心微向后移，右脚尖外撇，其余动作及要点与前"右弓步拦"相同，唯方向相反。右手剑拦出时，右臂外旋，目视剑尖（图9-2-50）。

图9-2-49　　　　　　　　　　　　图9-2-50

22. 进步反刺

身体向右转，右脚向前横落盖步，脚尖外撇，左脚跟离地成半坐盘势；同时，剑尖下落，剑指下落到右腕部，然后剑向后方立剑刺出，剑指向前方指出，手心向下，两臂伸平，右手手心向上，目视剑尖（图9-2-51）。

图9-2-51

身体左转，左脚前进一步，成左弓步；同时，右前臂向上弯曲，剑尖向上挑挂，继而向前刺出（前臂内旋，手心向外，成反立剑），力注剑尖，剑尖略低；剑指附于右腕部，目视剑尖（图9-2-52）。

技术篇

图 9-2-52

23. 反身回劈

身体重心先移至右腿，左脚脚尖里扣，然后再移到左腿；右脚提起收回（不停），身体向右后转，右脚随即向前迈出成右弓步，面向中线右前方；同时，剑随转体由上向右后方劈下，力在剑刃；剑指由体前经左下方转架在左额上方，手心斜向上，目视剑尖（图 9-2-53）。

图 9-2-53

24. 虚步点剑

右脚微内扣，左脚提起，上体左转，左脚向起势方向垫步，脚尖外撇，随即右脚提起落在左脚前，脚尖点地，成右虚步；同时，剑随转体画弧上举向前下方点出，右臂平直，剑尖下垂，力注剑尖；剑指下落经身体左侧向上绕行，在体前与右手相合，附于右腕部，目视剑尖（图 9-2-54）。

图 9-2-54　　　　图 9-2-55

初级太极剑第三段

第四段

25. 独立平托

右脚向左腿的左后方倒插步，两脚以脚掌为轴向右转体，随即左膝提起成右独立步；在转体的同时，剑由体前先向左、向下绕环，然后随右转体动作向右上方托起，剑身略平，稍高于头，力在剑刃上侧；剑指仍附于右腕部，目视前方（图9-2-55）。

26. 弓步挂劈

左脚向前横落，身体左转，两腿交叉成半坐盘式，右脚跟离地，同时右手剑向身体左后方穿挂，剑尖向后；左剑指仍附右腕上，目向后视剑尖（图9-2-56）。

图 9-2-56

右手剑由左侧翻腕向上再向前劈下，剑身要平，力在剑刃；左剑指则经左后方上绕至左额上方，手心斜向上；同时，右脚前进一步，成右弓步，目视剑尖（图9-2-57）。

图 9-2-57

27. 虚步抡劈

重心略后移，身体右转，右脚脚尖外撇，左脚脚跟离地成交叉步；同时，剑由右侧下方向后反手撩平，左剑指落于右肩前，目视剑尖（图9-2-58）。

图 9-2-58

左脚向前垫一步，脚尖外撇，身体左转，随即右脚向前一步，脚尖着地，成右虚步；与此同时，剑由右后翻臂上举再向前劈下，剑尖与膝同高，力在剑刃；左剑指自右肩前下落经体前向左上画圆再落于右前臂内侧，目视前下方（图9-2-59）。

图 9-2-59

28. 撤步反击

上体右转，右脚提起向右后方撤一大步，左脚跟外转，左腿蹬直，成右侧弓步；同时，剑向右后上方斜削击出，力在剑刃前端，手心斜向上，剑尖斜向上，高与头平；剑指向左下方分开平展，剑指按于胯旁，手心向下，目视剑尖（图 9-2-60）。

图 9-2-60

29. 进步平刺

身体左转，右脚微内扣，左脚提起成独立式；同时右手翻掌向下，剑身收回于右肩前，剑尖斜向左前；左剑指向上绕行向前落在右肩前，目视前方（图 9-2-61）。

身体向左后转，左脚垫步，脚尖外撇，继而右脚前进一步，成右弓步；同时，剑随转体动作向前方刺出，力贯剑尖，手心向上；剑指经体前顺左肋反插，向后再向左上绕至左额上方，手心斜向上，目视剑尖（图 9-2-62）。

图 9-2-61   图 9-2-62

30. 丁步回抽

身体重心后移，右脚撤至左脚内侧，脚尖点地，成右丁步；同时，剑屈肘回抽（手心向里），剑把置于左肋部，剑身斜立，剑尖斜向上，左剑指落于剑把之上，目视剑尖（图 9-2-63）。

图 9-2-63   图 9-2-64

31. 旋转平抹

右脚提起向前落步外摆（两脚成八字形）；同时上体稍后转，右手翻掌向下，剑身横置胸前（图 9-2-64）。

身体重心移于右腿，上体继续右转，左脚随即向右脚前扣步，两脚尖斜相对（呈内八字形），然后以左脚掌为轴向右后转身，右脚随转体向中线侧后方后撤一步，左脚随之稍后收，脚尖点地，成左虚步；同时，剑随转体由左向右平抹，力在剑刃外侧，然后在变左虚步的同时，两手向左右分开，置于两胯旁，手心都向下，剑身斜置身体右侧，剑尖朝前，身体恢复起势方向，目视前方（图 9-2-65 至图 9-2-66）。

图 9-2-65　　　　　　　　　图 9-2-66

32. 弓步直刺

左脚向前进半步，成左弓步；同时，立剑直向前刺出，高与胸平，力注剑尖；剑指附在右手腕部，目视前方（图 9-2-67）。

图 9-2-67

收势

身体重心后移，随即身体向右转；同时，剑向右后方回抽，手心仍向内；左手也随即屈肘回收（两掌心内外相对），接握剑的护手，目视剑身（图 9-2-68）。

身体左转，身体重心再移到左腿，右脚向前跟进半步，与左脚成开立步（与肩同宽，脚尖向前）；同时，左手接剑（反握），经体前下落垂于身体左侧；右手变成剑指向下、向右后方画弧上举，再向前、向下落于身体右侧；全身放松，目视前方（图 9-2-69 至图 9-2-70）。

技术篇

图 9-2-68

图 9-2-69

图 9-2-70

初级太极剑第四段

第三节　初级太极刀

太极刀是太极拳运动系列的短器械，其风格特点以太极拳身法、步法为基础，结合刀的技法和动作，刀法清楚，劲力到位，刚柔相济，刀手动作协调配合。太极刀是太极门中的短兵器，遵循太极拳的练法原则，常见的套路有陈氏太极刀、杨氏太极刀、吴氏太极刀等。

一、刀的结构（图 9-3-1）

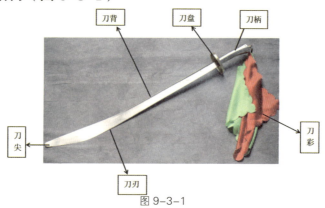
图 9-3-1

二、持刀法

（一）左手持刀法

左手虎口部位对准刀的刀盘处，拇指由刀盘上方向下，其余四指由刀盘下方向上卷指，握住刀盘，刀尖朝上，刀背贴靠左臂为立抱刀；刀柄朝前，刀尖朝后，刀背贴靠左臂为平抱刀（图9-3-2）。

图9-3-2　　　　　　　　　　图9-3-3

（二）右手持刀法

1.满把持刀：虎口对刀背，右手握住刀柄，腕部挺直。此种持刀法发力性强，适用于劈、砍、推、按、架、托等刀法（图9-3-3）。

2.螺式持刀：虎口斜对刀背，拇指弯曲压在食指，食指靠近刀盘，其余手指依次向下斜握刀柄，形似螺状。这种持刀法灵活性强，适用于点、崩、穿、挂、云、剃、扫、抹等刀法的运用（图9-3-4）。

3.钳式持刀：虎口对向刀背，以拇指和食指钳住刀柄，其余三指自然附在刀柄上，可做刀花或者刀法变换之用（图9-3-5）。

图9-3-4　　　　　　　　　　图9-3-5

三、太极刀的基本刀法

1. 缠头刀：刀尖下垂，刀背沿左肩贴背绕过右肩，头部要自然正直。

2. 裹脑刀：刀尖下垂，刀背沿右肩贴背绕过左肩，头部要自然正直。

3. 劈刀：刀由上向下直落为劈，臂与刀成一直线。劈刀沿身体左（右）侧抡一立圆。

4. 砍刀：刀向左（右）下方斜落为砍，发力于臂，力达刀刃中下部。

5. 扎刀：刀尖向前直出为扎，发力于腰臂，力达刀尖，臂与刀成一直线。

6. 点刀：提腕、使刀尖猛向前下方啄击为点。发力于腕，下达刀尖。

7. 撩刀：前臂外旋，手心朝上，刀刃沿身右侧弧形向前撩出，谓之正撩；前臂内旋，手心朝外，沿身体左侧弧形向前撩出，谓之反撩。

8. 架刀：刀身平置，刀刃朝上，由下向上推举为架，刀高过头，力达刀身。

9. 带刀：刀尖朝前，刀刃朝左（右），由前向侧或倒后方抽回为带。

10. 抹刀：是主要的攻法之一。刀刃朝左（右），由前向左（右）弧形抽回为抹。高度在胸腹之间，力达刀刃。

11. 截刀：前臂内旋或外旋，使刀刃斜向上或斜向下推伸为截。

12. 挂刀：刀尖由前向上、向后或向下、向后画弧为挂，力在刀背前部。

13. 扫刀：刀刃朝左（右），向左（右）横出，高度在膝与踝之间为扫。发力于臂，力达刀刃中上部。

14. 推刀：刀尖朝下，刀刃朝前，左手附于刀背前部，向前推出为立推刀。

15. 按刀：刀刃朝下，左手附于刀背或右腕，手向下按，谓之按刀。

16. 斩刀：刀刃朝左（右），向左（右）横出高度在头与肩之间为斩，发力于腰臂，力达刀刃。

17. 云刀：刀在头顶或头前上方平圆环绕一周为云。云刀时头微后仰，或向左（右）侧仰，以腕关节为轴心。

18. 抱刀：左手持刀，刀柄朝前，刀背贴靠于左臂，向前平举为平抱刀；直臂垂肘，刀尖朝上，刀背贴于左臂为立抱刀。

19. 藏刀：刀身平置，刀尖朝前，刀刃朝下，置于右髋侧为平藏刀；刀身竖直，置于左臂后为立藏刀；刀身横平，刀尖朝后，刀刃朝外，置于左腰后为拦腰藏刀。

初级太极刀概述

四、初级太极刀动作名称

1. 起势	15. 平推刀
2. 上步七星	16. 二起脚
3. 退步跨虎	17. 披身伏虎
4. 交刀式	18. 鸳鸯腿
5. 闪步扎	19. 独立平刺
6. 上步平刺	20. 转身盘头藏刀
7. 右左推刀	21. 拦腰刀
8. 独立劈刀	22. 左右分水
9. 右左撩刀	23. 跳步剁刀
10. 嫦娥奔月	24. 抛梭式
11. 玉女穿梭	25. 独立下截
12. 独立平刺	26. 闪步扎
13. 跳步藏刀	27. 卞和携石
14. 青龙出水	28. 收刀式

初级太极刀完整演示

五、初级太极刀动作要领

1. 起势

左脚向左迈出，与肩同宽，两腿屈膝，同时两手经腹前画弧打开至两胯前，眼看前方（图 9-3-6 至图 9-3-7）。

图 9-3-6　　　　　　　　　　图 9-3-7

2. 上步七星

身体左转，右脚内扣，左脚向左前方迈出，随重心前移，两臂经体前向上向下画弧至两胯旁，随后右脚向前迈出成右虚步，脚尖点地，同时右掌变拳向前打出，左手持刀搭于右小臂内侧，目视前方（图9-3-8至图9-3-9）。

图9-3-8 图9-3-9

3. 退步跨虎

身体左转，右脚向右后方撤一步，随重心身体右转，左脚提起即向前方脚尖点地成左虚步；同时右拳随转体向下向右上方画弧收至腹前，随即变掌打开，撑于右额侧上方，左手随转体向上向下画弧至左胯旁，目视前方（图9-3-10至图9-3-11）。

图9-3-10 图9-3-11

4. 交刀式

提左膝，身体微右转，屈膝下蹲，左脚向前迈出成左弓步，同时左手刀柄经左膝前向右画弧，右掌贴于左腕内侧，两臂由下向上画弧至头前，目视前方（图9-3-12至图9-3-13）。

图 9-3-12　　　　　　　　　　图 9-3-13

随后身体微左转，左脚外摆随重心前移，提右膝成独立步，同时右手握刀向右前方下截，左掌自然下落至左胯旁，目视前方（图 9-3-14）。

图 9-3-14

5. 闪步扎

右脚向右前方迈出成右弓步，同时两臂自然下落，随即右手握刀向左上方扎，左手合于右手腕内侧，目视左前方（图 9-3-15）。

图 9-3-15

6. 上步平刺

身体右转，右脚外摆，两臂随转体收至右胯旁，随后左脚向左前方迈出成左弓步，同时右手握刀向前平刺，左手画弧至身体左侧，目视前方（图9-3-16）。

图 9-3-16

7. 右左推刀

身体左转，左脚外摆，右脚向右前方迈出成右弓步，同时翻右腕随左转向身后画弧，随即左掌贴于刀背，两手向前推截（图9-3-17至图9-3-18）；

图 9-3-17   图 9-3-18

随后身体右转，右脚撤回左脚脚跟后，同时两臂随转体向右上方举架，随即左脚向左前方迈出成左弓步，两臂自然下落向前推截，左手贴于刀背，目视前方（图9-3-19至图9-3-20）。

图 9-3-19　　　　　　　　　　图 9-3-20

8. 独立劈刀

左脚内扣，重心移至右脚，随后提左膝成独立步，同时右手握刀向右后方砍劈至肩齐，左掌随转体向左前方推出，目视右前方（图 9-3-21）。

图 9-3-21

9. 右左撩刀

屈膝下蹲，左脚向左前方下落外摆，随即右脚向右前方迈出成右弓步，同时右手握刀翻腕由下向上撩出至胸齐，左掌随转体向前向左画弧至身体左侧（图9-3-22）；

图 9-3-22

随后身体左转，重心移至左脚，右脚内扣并提起后出步外摆随即左脚向左前方迈出成左弓步，同时右手握刀随左转向身体后由上向下砍劈，随即翻腕向前上方撩，左掌向前推出，目视前方（图9-3-23至图9-3-24）。

图9-3-23

图9-3-24

10. 嫦娥奔月

左脚内扣，身体后转，右脚外摆，同时两臂随转体合于胸前，随即左膝提起成独立步，右手握刀向右上方刺出，左手贴于右臂内侧（图9-3-25至图9-3-26）；

图9-3-25

图9-3-26

随后屈膝下蹲，身体左转，左脚向左后方迈出成左弓步；左掌随转体向左前方推出，目视前方（图9-3-27）。

图 9-3-27

11. 玉女穿梭

右脚盖步，同时右手握刀向下截，随后左脚向左前方迈出成左弓步，右手握刀随转体翻腕上刺，左掌举架于左额上方（图 9-3-28 至图 9-3-29）；

图 9-3-28　　　　　　　　　　　　　　　　图 9-3-29

随后重心后移，身体微左转，左脚内扣提左膝向左前方迈出成左弓步，右手握刀随左转画弧向前推出，左小臂贴于刀背（图 9-3-30 至图 9-3-31）；

图 9-3-30　　　　　　　　　　　　图 9-3-31

身体后转左脚内扣，右脚向右前方迈出成右弓步，右手握刀随转体由上向下砍劈，收至右胯旁，左掌向前推出（图9-3-32）；

图9-3-32

左脚盖步，同时右手握刀向下截，右脚踮步，随即左脚向左前方迈出成左弓步，右手握刀随转体翻腕上刺，左掌举架于左额上方（图9-3-33至图9-3-34）；

图9-3-33

图9-3-34

随后重心后移，身体微左转，左脚内扣，提左膝向左前方迈出成左弓步，右手握刀随左转画弧向前推出，左小臂贴于刀背（图9-3-35至图9-3-36）；

图9-3-35

图9-3-36

身体后转左脚内扣，右脚向右前方迈出成右弓步，右手握刀随转体由上向下砍劈，收至右胯旁，左掌向前推出（图 9-3-37）；

图 9-3-37

左脚盖步，同时右手握刀向下截，右脚踮步，随即左脚向左前方迈出成左弓步，右手握刀随转体翻腕上刺，左掌举架于左额上方（图 9-3-38 至图 9-3-39）；

图 9-3-38　　　　　　　　　　　　图 9-3-39

随后重心后移，身体微左转，左脚内扣，提左膝向左前方迈出成左弓步，右手握刀随左转画弧向前推出，左小臂贴于刀背（图 9-3-40 至图 9-3-41）；

图 9-3-40　　　　　　　　　　图 9-3-41

身体后转左脚内扣右脚向右前方迈出成右弓步，右手握刀随转体由上向下砍劈，收至右胯旁，左掌向前推出（图9-3-42）；

图9-3-42

左脚盖步，同时右手握刀向下截，右脚踮步，随即左脚向左前方迈出成左弓步，右手握刀随转体翻腕上刺，左掌举架于左额上方（图9-3-43至图9-3-44）；

图9-3-43   图9-3-44

随后重心后移，身体微左转，左脚内扣，提左膝向左前方迈出成左弓步，右手握刀随左转画弧向前推出，左小臂贴于刀背（图9-3-45至图9-3-46）。

图9-3-45   图9-3-46

12. 独立平刺

重心后移，左脚内扣收回，向左侧迈出，提右膝成独立步，同时右手握刀向右由上向下砍劈，翻腕向左上刮，左掌贴于刀柄，随即向右平刺，左掌向左侧推出，眼看右前方（图 9-3-47 至图 9-3-49）。

图 9-3-47　　　　图 9-3-48　　　　图 9-3-49

13. 跳步藏刀

原地起跳落下成左虚步，同时右手握刀由上向下收至左胯旁，左掌推出（图 9-3-50）。

图 9-3-50

初级太极刀（1）

14. 青龙出水

右脚盖步，右手握刀下截，随后左脚向左前方迈出成左弓步，右手握刀随转腰翻腕上刺，左掌举架于左额前，目视前方（图 9-3-51 至图 9-3-52）。

图 9-3-51   图 9-3-52

15. 平推刀

重心后移，左脚内扣，身体微左转，右手握刀随转体砍劈，随后左脚提起向前迈出成左弓步，左掌贴于刀背向前推出，目视前方（图 9-3-53）。

图 9-3-53

16. 二起脚

左脚内扣，身体右后转，右脚提起向右前方迈出成右弓步，同时右手握刀砍劈至右胯旁，左掌向前推出，随后提左膝，右脚弹踢，交刀于左手，右掌拍击于右脚面，随后左脚右脚依次缓冲落地（图 9-3-54 至图 9-3-55）。

图 9-3-54   图 9-3-55

17. 披身伏虎

左脚向左侧迈出成左弓步，同时右掌下落变拳至胸前，左手持刀举于左额上方（图9-3-56 至图9-3-57）；

图 9-3-56   图 9-3-57

随后左脚内扣身体右转，右脚向右侧迈出成右弓步，左手持刀下落至胸前，右手变拳举于左额上方（图9-3-58）。

图 9-3-58

18. 鸳鸯腿

重心后移，提右膝向右上方分脚，脚尖绷紧，同时右拳变掌举于右脚腕处，随后右脚向右前方迈出成右弓步，交刀于右手向前下方刴劈，左掌撑于身体左侧（图9-3-59 至图9-3-60）。

图 9-3-59   图 9-3-60

19. 独立平刺

身体左转，右脚内扣收回成提膝，右手握刀翻腕向左上刮，左掌贴于刀柄，随即右手握刀向右平刺，左掌向左侧推出，目视右前方（图9-3-61至图9-3-62）。

图9-3-61　　　　　　　　　　　　　　图9-3-62

20. 转身盘头藏刀

屈膝下蹲，右脚向前方落地外摆，左腿扫堂腿落实，同时右手翻腕裹刀，随后右腿向右迈出成右弓步，右手握刀砍劈至右胯旁，左掌向前推出，目视前方（图9-3-63至图9-3-65）。

图9-3-63　　　　　　　图9-3-64　　　　　　　图9-3-65

21. 拦腰刀

右脚外摆，左脚向左前方迈出摆脚，右脚随即迈出成右弓步，同时右手握刀由右向左平砍，左掌随转体撑于身体左侧，目视前方（图9-3-65至图9-3-67）；

图 9-3-66   图 9-3-67

22. 左右分水

重心后移，身体左转，右脚内扣收回，同时右手握刀随转体先向身体左侧由上向下画弧，右脚向前迈出脚跟落地，脚尖外摆，同时右手握刀向前上撩，然后左脚向左前方迈出，重心在右脚，同时右手握刀随转体再下劈至身体右侧（图 9-3-68 至图 9-3-69）。

图 9-3-68   图 9-3-69

23. 跳步剁刀

前移重心，左脚外摆，右腿提膝弹踢，同时右手握刀上撩，左手搭于右臂内侧，然后原地跳起，落地成左仆步，同时右手翻腕下剁，左掌按于刀背，目视前方（图 9-3-70 至图 9-3-71）。

图 9-3-70　　　　　　　　　　图 9-3-71

24. 抛梭式

左脚摆脚，重心前移，右脚跟步至左脚旁，同时右手握刀平刺，随后右脚外摆，左脚向左前方迈出成左弓步，同时右手握刀翻腕向右上方砍，左掌举架于左额上方（图 9-3-72 至图 9-3-74）。

图 9-3-72　　　　　　　图 9-3-73　　　　　　　图 9-3-74

25. 独立下截

身体右转左脚内扣，提右膝成左独立步，同时右手握刀翻腕下截至右膝外侧，左掌按于体侧（图 9-3-75 至图 9-3-76）。

图 9-3-75　　　　　　　　图 9-3-76

26. 闪步扎

屈膝下蹲，右脚向右前方迈出成右弓步，同时两臂自然下落，右手握刀向左上方扎，左掌搭于右小臂上（图9-3-77）。

图 9-3-77

27. 卞和携石

身体微左转，重心后移，右脚内扣收回，同时右手握刀交刀于左手，随后右腿向后撤一步，身体右转，双手随转体先落于右胯旁，然后左脚向前方迈出成左虚步，左手握刀从右胯向左画弧落于左胯旁，同时右掌变拳向前击出，目视前方（图9-3-78至图9-3-79）。

图 9-3-78　　　　　　　　　　　图 9-3-79

28. 收刀式

身体右转左脚回收至右脚旁成平行步，与肩同宽，两手从两胯旁画弧至胸前，右手掌心向下，左手持刀掌心向上，随即两臂徐徐下落，身体直立，两脚并拢成预备式（图9-3-80至图9-3-81）。

技术篇

图 9-3-80　　　　　　　图 9-3-81

初级太极刀（2）

第四节　初级太极毛笔

　　"太极毛笔"将太极拳动作与书法巧妙结合，融会贯通了太极拳与书法两种体系，是以太极拳为动作原型，以毛笔为手持器械，以套路为表现形式的太极器械套路。将太极手法的"掤、捋、挤、按、采、挒、肘、靠"自然地附于书法形式之上，同时体现书法的"横、竖、撇、捺、点、提、竖钩、横折"等运笔方式，将太极技法的运动规律很好地与毛笔书写文字时的运动规律相结合。学习太极毛笔，可以从中领悟中国传统哲学的奥秘，体味中国传统文化的博大精深，而且还能从动作中领略到太极和书法的文化意蕴，对继承和弘扬中国优秀的民族传统文化有着深远的意义。

一、毛笔的部位名称

　　一支完整的毛笔由笔顶、笔身、笔斗和笔头四个部分组成，笔顶包括挂绳和笔冠，笔身包括笔杆，笔头包括笔端（图 9-4-1）。

图 9-4-1

二、太极毛笔的执握笔法

1. 持笔：右手虎口贴于笔斗，大拇指、食指和中指分别紧捏于笔斗前半部分，掌心为空，无名指与小指位于笔斗后半部分，紧贴于笔斗，运动时，五指相互协调用力（图 9-4-2）。

2. 握笔：拇指为一侧，其余四指为另一侧，握拢笔斗，虎口靠近笔管（图 9-4-3）。

3. 挂笔：毛笔笔顶最上方挂绳挂于右手中指第三关节处（图 9-4-4）。

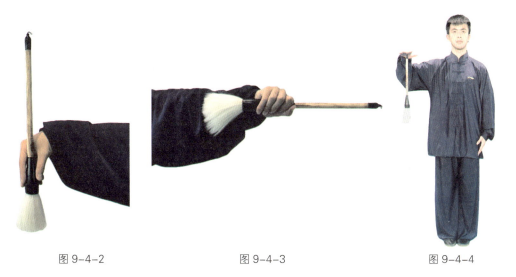

图 9-4-2　　　　　　　　　图 9-4-3　　　　　　　　　图 9-4-4

三、初级太极毛笔动作名称

预备式

1. 起势

2. 行礼势

3. 拨云见日

4. 画龙点睛

5. 神龙摆尾

6. 手挥琵琶

7. 托砚点墨

8. 拨笔穿心

9. 翻江倒海

10. 卧虎藏龙

11. 万法归一

12. 飞龙在天

13. 礼毕势

14. 收势

初级太极毛笔整套演示

四、初级太极毛笔动作要领

预备式: 右手挂笔与肩平行, 中指悬挂毛笔笔顶挂绳, 并步直立, 面向正前方, 左手呈掌贴靠于右腿外侧, 两臂微屈, 目视前方(图9-4-5)。

图9-4-5

1. 起势

左手掌心向上托起, 左手向合拿笔; 右手从挂绳抽出, 下落至腰间, 向外画弧至与左肩平行; 右手向内合抱胸前, 左手覆盖于右手上方(图9-4-6至图9-4-9)。

图 9-4-6　　　　　　图 9-4-7　　　　　　图 9-4-8　　　　　　图 9-4-9

2. 行礼势

双手拿笔弯腰向下行礼，随后起身直立（图 9-4-10 至图 9-4-11）。

图 9-4-10　　　　　　图 9-4-11

3. 拨云见日

左脚向斜前方迈步，右手持笔向上画弧至头部右侧，左手呈掌向下画弧至左腿胯前；重心前移至左腿，右腿收起向右出步脚跟落地，左手向上画弧，右手执笔向下画弧后至左肩斜上方，左手按掌贴于右手小臂；右手持笔由身体左侧向右平带，随后从右再向左下画弧；右手持笔从右向左画圆，重心从右脚移至左脚再至右，左手贴于右手小臂，托起右手向上提笔；右手持笔下点，左掌从右向左下拉至腰间，重心从右脚移向左脚，形成半马步（图 9-4-12 至图 9-4-17）。

图 9-4-12　　　　　　　　图 9-4-13　　　　　　　　图 9-4-14

图 9-4-15　　　　　　　　图 9-4-16　　　　　　　　图 9-4-17

4. 画龙点睛

右手持笔在身体正面从右下向右上画圆，左手向左胯下拉；右手持笔向下画弧至腰间，左手向上画弧至胸前，画弧过程中左掌外侧向内匀速旋转至掌心朝上；重心向右前移，右手持笔向前平刺，左手下拉至右手肘关节处，左脚向右脚跟半步（图 9-4-18 至图 9-4-20）。

图 9-4-18　　　　　　　　图 9-4-19　　　　　　　　图 9-4-20

5. 神龙摆尾

笔尖下落，左脚向身体左侧出步，上体左转，左手在胸前画弧，随后左脚跟着地，重心前移，成左弓步，左掌翻掌下按（图9-4-21）。

图 9-4-21

6. 手挥琵琶

重心向右微移，身体向右平转，随后向左移重心，右手持笔回带，右脚屈膝回收至左脚旁；右脚向斜前方出步，两手向前推出，松胯下沉（图9-4-22至图9-4-24）。

图 9-4-22　　　　　　　　　图 9-4-23　　　　　　　　　图 9-4-24

7. 托砚点墨

右脚向身体右侧撤步，右手笔尖向下画弧，左掌向上画弧至身体左侧，与肩平行；重心右移，右手持笔从下往上画弧，左掌向下画弧托至腹前，左脚撤步至右脚后虚点地，歇步提笔至头部右侧，整体向下点墨（图9-4-25至图9-4-26）。

技术篇

图 9-4-25 图 9-4-26

8. 拨笔穿心

左脚向前出步，左掌向上画弧至左肩平行，右手持笔下落至腰间；重心前移至左腿弓步，左手画弧下按至左膝左侧，右手执笔向前画弧平刺（图 9-4-27 至图 9-4-28）。

图 9-4-27 图 9-4-28

9. 翻江倒海

重心微后坐，左脚外摆，右手持笔下按收回至胸前，左手收于右臂内侧，随右手运动；右脚向前出步，两手向上画弧至胸前，随即左手向前推出，右手继续画弧至右腰间；左脚向前出步成左弓步，同时左掌沉腕按掌，右手持笔向前刺出，目视前方（图 9-4-29 至图 9-4-31）。

图 9-4-29　　　　　　图 9-4-30　　　　　　　　图 9-4-31

10. 卧虎藏龙

右脚向前跟步踩实，重心移至右脚，右手持笔收至右腰间，左掌从腰间画弧至左肩前侧平行；左脚向前出步，双手向前推出，松胯下沉，重心在后，目视前方（图9-4-32）。

图 9-4-32

11. 万法归一

左脚后撤至右脚后，左手合于右手手腕处，右手持笔从左向右平带；左脚重心踩实，右脚后撤至左脚后，右手手腕持笔由外向内翻转，随后向左腰斜下方下拉；重心向右移动踩实，左脚后撤至右脚后，右手持笔由内向外翻转，画弧至右腰间，左掌向左前方推掌，与肩平；右脚向后撤步踩实，右手持笔从后画弧至胸前，毛笔笔头和笔肚贴于右手小臂，左手托住右手小臂下方；重心向右平移，左脚向右跟半步震地，右手持笔向右顶肘发劲，成松身半蹲站立（图9-4-33至图9-4-36）。

图 9-4-33   图 9-4-34   图 9-4-35   图 9-4-36

12. 飞龙在天

左掌从下往上画弧至胸前，右手持笔从上往下画弧至小腹正前方，右脚向身体斜后方撤步；重心向右脚平移，右手持笔向头部右侧斜上方上拉，左掌向下按至左膝盖上方，半马步握笔斜飞势（图 9-4-37）。

图 9-4-37

13. 礼毕势

左掌向右手移动拿笔，重心移向左脚，随后右脚跟步至左脚并步，右手拿笔至胸前，左手从腰间平向画弧至与右肩平行，随后右手画弧内合，双手成拱手形；随后弯腰向下行礼，然后起身直立（图 9-4-38 至图 9-4-41）。

图 9-4-38　　　　　图 9-4-39　　　　　图 9-4-40　　　　　图 9-4-41

14. 收势：左手自然下落，右手端笔收势，目视前方（图 9-4-42）。

图 9-4-42

初级太极毛笔基本动作

第十章

太极推手

太极推手是在不用护具的状态下，通过推手双方的阴阳矛盾运动，演练实战搏击的一种良好的运动形式。它的研究和训练是以实战为目的，通过推手而不断提高实战搏击能力。武术中"踢、打、摔、拿"四种技术均可在推手中随意运用，充分体现了太极拳道的兼容性。

太极推手运动具有竞争性、实用性和趣味性，田间、地头、公园等都可以练习，是一项受到群众广泛喜爱和参加的强身健体的武术运动，是契合国家推行的"全民健身计划"的群众性自娱自乐的体育文化活动。

第一节　太极推手概述

一、太极推手的基础知识

（一）太极推手定义及名称

太极推手是以上肢、躯干为攻击部位，运用"掤、捋、挤、按、采、挒、肘、靠"等技法借力、发力，使对方身体失去平衡的一项具有对抗性、娱乐性、健身性、传统性的体育运动。它以四两拨千斤，发人如弹丸，弹指一挥跌丈外，身体微动彼落空的技艺被人称道。

太极推手，在不同地区、不同太极拳流派、不同太极拳老师称谓不同，有打手、诸靠、扳跌、挤手、缠手、交手、演手、搭手、散手等名称，民间太极拳拳师也有俗称打轮、画圈、摸手、摸劲等，在杨氏太极拳中还有不少人惯称揉手。目前较为流行的名称是"推手"，是太极拳术练习技击用的方法，也是学习太极拳法以及应用的中间途径。

传统太极推手是在太极拳套路练习具有一定水平的基础上，两人搭手，遵循"沾、黏、连、随"的要求，互相缠绕，并运用"掤、捋、挤、按、采、挒、肘、靠"八种方法，"不丢不顶，无过不及，随曲就伸，运转自如"，凭借自身皮肤神经末梢感知对方发劲大小、速度快慢与动作方向，选用合理的技击方法，使对方失去重心而被扑出。传统太极推手注重体会懂劲的变化，不顶不抗，以切磋交流技艺为主要目的。现代太极推手竞技运动，是在传统太极推手的基础上发展起来的，它按照竞赛规则的要求，根据"沾、黏、连、随"的原则，运用"掤、捋、挤、按、采、挒、肘、靠"八种方法进行推手比赛。太极推手竞技运动，是一项较技、斗智、斗勇的对抗性项目，是运动员技击水平、身体素质和比赛经验综合能力的反映。

太极推手是在太极拳架基础上的进一步发展，却又与拳架有不同的效果，只练拳架而不练推手，很难深刻地领会太极拳法的各种要求，更不能灵活运用拳架，自如地呼吸行气，巧妙地发挥劲力，而达到技击运动的高度成就。"走架即是打手，打手即是走架"，这句话实际上描述了太极拳术的基本要求，以及锻炼过程中所应具备的境界。因此练习太极拳法应该先熟谙太极拳架，接着用推手奠定学以致用的基础，然后再使走架与推手相辅相成。只有在拳架与推手的多次循环往复中，才能逐渐加深体会和理解，使理论和实践紧密联系在一起。由此可见，太极拳法既不是单纯走架，也不是单纯推手而能求得的。太极拳术的造诣，必须是在推手与走架互相紧密结合中才能获得。

（二）太极推手的起源与发展

目前，太极推手的起源普遍采信唐豪先生的说法，认为是在 17 世纪 70 年代初，由陈王廷创造的继承明代各家武术技击法并加以发展的武术运动。他在《拳经总歌》开篇即说："纵放屈伸人莫知，诸靠缠绕我皆依。"这两句话概括地说明了推手的特点和方法，这是陈王廷独创性的竞技方法，解决了不用护具也可以练习徒手搏击技巧的问题。

其后，在杨露禅、武禹襄、李亦畬、吴鉴泉等众多太极拳家的不断完善下，逐渐形成了打手—推手—揉手的发展历程，预示了太极推手由重视外在的招式到追求内在劲法，由刚猛武技向柔化武技以及刚柔并济方向发展的路径，最终完成了将人类原始格斗向文明理性回归的文化过程，向世界贡献了一种独特的运动。

中华人民共和国成立后，为了满足全民健身的需要，1956 年国家体委组织专家创编了"简化太极拳"，随后也整理出版了《太极拳推手》，主要是杨氏太极拳推手内容，由推手基本动作、定步推手、活步推手三部分组成；1993 年又出版了《太极拳推手对练套路》。在体育竞赛背景下，太极拳推手竞赛从 1970 年开始，之后将太极拳推手列入发展计划；1979 年开始试点，并制定了第一部《太极拳推手竞赛暂行规则》，1982 年到 1989 年与散打同步发展，1989 年列入太极拳剑推手比赛，1994 年增加女子推手比赛，一直延续到 2003 年，全国正式比赛取消。此后，在一些地方性邀请赛上太极拳推手仍然有所保留。2013 年中国武术研究院再次组织专家研讨推手规则，通过两年实验，于 2015 年 4 月 20 日公布了新的《武术太极拳推手竞赛规则（试行）》。

（三）太极推手的特点和分类

1. 太极推手的特点

（1）以柔克刚

太极推手，控制为本，以和为贵，不主动进攻，看似墨守成规、保守无为，实际上只要对方出手，我就不即不离、随化随进、如影随形，使彼无法摆脱。

两人搭手后，观察动向，判断意图，待对方一给力，我臂腕侧面的接触部位之劲以不脱离为度。此时，我精神专注，内气贯穿，"对方不动，我不动，我意在先；彼微动，我先动，我劲在先"，依靠接触部位感觉对方力的动向，我全身既松开又含着整架不散，毫不与对方较劲，无论对手动作多快，我身转臂随。如果对方突然迅速拿腕折臂，其擒拿必须用力，身体就会成为刚架，运转幅度必然受限；而我被拿部位仍依附于对方，柔活的身体迎合被拿的手臂转动，增大了手臂的旋转幅度，超过了对方的拧转极限，这样我就能够化解。对方拿人速度越快，产生惯性越大，劲力一旦落空，身体就会倾斜；此刻我只须顺势运劲即可将对方发出，如果捎带绊别或反擒拿会更出彩。

当对方用双手向我推来，我仅用一臂承接住，这时由于我全身具有内劲贯穿的柔整劲，能产生太极拳的掤劲，使臂膀充满弹性。我前臂掤住来力，后面各关节节节松开，可灵活自如转动，能起到缓冲及转化作用。在这种胶着状态下，无论对方如何迅猛用力给到我臂上，都不会牵动我的身体。若我以右臂应对，借对方推力向右后转身，重心向左前移，退中寓进，就保证了身体在运行中的动平衡，运转中我臂掌后捋，就可将对方引向我身右侧外。

太极拳螺旋转动的身臂应对来力，如千斤顶作用将对方在扭转中带起拔根，谓之"沾"。双方在接触部位缠转产生的摩擦力，起到"黏"的作用，使两人如同"连"成一体，"随"之而动，这样我让对方总处在失稳状态，对方欲力求挣脱就会跌倒，只得被我"软约束"。同时，利用这种"沾、黏、连、随"方式，在肢体接触中感知对方力的动向，行话称为"听力"。当练到"感应与意识融为一体"时，此时，凭感觉随时可摸到对方的失重点，可化发自如，将各种来力顺其自然放出。具体地讲，一旦接触对方，我就能掌握对方重心的动向；对方一动手，我就能下意识做出相应的举动，如同熟练的招式不差毫厘，内劲始终贯穿其中，保证了这自然而出的动作形成的招式充满威力，依据着力部位的变化，应用自如地化、打、摔、拿等。

（2）后发制人

"快手打慢手"，这是武术常识。太极推手"后发制人"的特点，似乎与常理相悖。但透过现象看本质，太极推手还是顺应客观规律的，所谓"求势争来脉，出奇在转关"。太极推手通过接触部位"听力"在先，所谓"后发制人"是等对方出手、我掌握了其动向，并根据对方劲路采取相应举措，我就可以"有的放矢"，对方只是送上来的靶子。这样，在与对方周旋中，我顺其力，由自然化解到发放，当对方感觉劲到时已无法走化因而被放出。这种出奇制胜的机窍，在于太极推手由化过渡到发已融为一体，拿准了由化变发的最佳时刻。

后发先至是太极推手的特色。出手晚，并不代表发劲的速度慢。这里要阐明的是，太极拳不是不能快，平时慢练是为了养生和提高功力，当需要时可迅雷不及掩耳。内家功夫意识一闪，感应就到，劲就发出。

在常规的搏击中，双方之间是有距离的，对方出手速度再快也要用时间。太极推手以"吃等"的方式以逸待劳，一旦对方出手，我劲走在其前化解来力，得机得势时即发，一发必中。

在遭遇袭击时，实战推手能随化随打，一招制敌。当对方用大力打来被我让空时，其身体就会失衡，这时我可趁对方发出力未及时回逃之际直击要害，这样极易伤人。对手要打人必出直力，由于惯性作用，其力往往直来直去，动作再快，要想再发新力也要有停顿。而太极转圈是连贯运转，所以我速度比对方快，可后发先至追到击之。

（3）以小破大

对太极推手特点的论述最为经典的就是《太极拳论》中提出的"四两拨千斤""舍己从人""显非力胜"等观点，概括而言就是以小胜大。

①横劲破竖力

"力碰力两不便。"太极拳以不顶不抗为原则，如果与对方较力必然出犟劲，全身运转不灵。只要对方一给力，我利用肢体螺旋转动的切线劲应对对方力的侧面，可起到横力破竖力的效果。对方出直力时横向作用力为零，我可毫不费劲将其力化开，并通过接触部位将劲渗透到能使其身体失重的部位，这样一搭手对方就感到推不到实处，一用力就会失衡，总不得劲，欲进不能，要退我则就劲吃入，我以运转的整劲黏住对方，对方一旦用力摆脱整劲必散、力出断续。"断劲分输赢"，我只要顺势将劲贯到对方身体失重点上，即可将对方放出。

技术篇

②顺势借力

对方用力发人，身与手臂就会紧成一体。我以臂腕承接其来臂的侧面，在接触部位顺其力方向螺旋转动，将其臂带身沿着我转动的切线方向送出，相当于一个横向齿条啮合在螺旋齿轮上随之运行，若对方脚不能及时跟进必会导致身体前倾，此刻我顺势扭转身形即可将其放出，这就是"四两拨千斤"的体现。

2. 太极推手的分类

太极推手的种类极多，从运动形式上可分为定步推手和活步推手两种。定步推手是活步推手的基础，即训练掤、捋、挤、按的四正推手。活步推手有杨氏大捋，即训练采、挒、肘、靠的四隅推手。从传统太极拳流派分，太极推手有陈、杨、武、吴、孙等各式方法。不同的目的、不同的标准，有不同的分类。

太极推手是太极拳流派中练功手段与方法，古代在没有护具的情况下，太极拳前辈们创新这种推手形式，目的在于培养拳手的对抗意识、劲感的变化、皮肤神经的敏感性，以达到"拳架"与"推手"之间的体用结合，相互印证习练中动作技术的正确与否。太极推手随着太极拳流派的发展而发展，陈式、杨式、吴式、武式、孙式太极拳流派中推手各有特色。只有陈式太极拳还保留了一些反关节的擒拿法、步法、腿法，如套步管腿、绷腿和衬腿，其他各式太极拳推手的基本技术、结构框架均大同小异，如单推手、双推手、四正手、大捋、活步推手、定步推手等。

（四）太极推手的锻炼价值

第一，太极推手安全文明。不伤人战胜对手的特点在二人直接对抗的同类竞技项目中是独一无二的，这一特点决定该项目安全又文明。

第二，太极推手健身效果佳。太极推手是一项全面发展的运动，不仅能锻炼四肢、躯干各部的肌肉和骨骼，还能增强内脏各系统器官的工作能力，有很高的健身价值。

第三，太极推手防身价值高。太极推手是实用、快捷的防身术。

第四，太极推手易于推广普及。太极推手对场地、器材、服装的要求不高，一般的训练在松软的土地上即可，农村的地头、场边都可用于练习，学校、企事业单位都易于开展。正规的太极推手比赛，可用与散手一样的擂台，也可用摔跤一样的垫子、套路比赛用的地毯。

第五，太极推手能培养吃苦耐劳、坚忍、机智、勇敢、灵敏、应变能力，是培养年轻一代提高民族素质的好项目。

太极推手的概述

第二节 太极推手基本技术

太极推手方法以太极"十三势"为主要内容，即掤、捋、挤、按、采、挒、肘、靠八种手法及进、退、顾、盼、定五种步法。掤、捋、挤、按四个手法依次对应南、西、东、北四个方位，名四正手。采、挒、肘、靠四个手法依次对应西北、东南、东北、西南四个斜角，名四隅手。四正手和四隅手合起来有八个方位，依次对应坎、离、兑、震、巽、乾、坤、艮八卦，太极八法最本质的含义是根于八卦的方位变化。进、退、顾、盼、定五种步法依次对应火、水、木、金、土五行。五行离不开阴阳，阴阳是变化的基础，太极拳的一切动作和变化都离不开阴阳演变。推手时怀藏八卦，脚踏五行，运用变化的规律，与古代哲学理论相一致，这也是太极拳名称的由来和它的含义。

太极十三势歌诀

王宗岳

十三总势莫轻视，命意源头在腰隙。

变转虚实须留意，气遍身躯不稍滞。

静中触动动犹静，因敌变化示神奇。

势势存心揆用意，得来不觉费功夫。

刻刻留心在腰间，腹内松净气腾然。

尾闾中正神贯顶，满身轻利顶头悬。

仔细留心向推求，屈伸开合听自由。

入门引路须口授，功夫无息法自修。

若言体用何为准，意气君来骨肉臣。

详推用意终何在，益寿延年不老春。

歌兮歌兮百四十，字字真切意无遗。

若不向此推求去，枉费功夫贻叹息。

一、太极推手——八法

（一）掤劲的技术运用

掤劲是一种由内向外的弹性力，劲含体内犹如周身允气。太极拳中的掤劲是一种向前又向上的斜线用劲的方法，在送劲时要气沉丹田、虚领顶劲。在搭手时，逆着对方的劲向上，使对方的劲不得不降，具有承接来力的棒架作用，如用之得法，可将对方掀起。

掤法的运用很广，两人搭手时，承接住对方来劲，并感知对方劲力的大小及其变化。在我顺人背时，可寻机发力将对方击出；人顺我背时，可掤住侧引对方，即"掤化"。使用时，两臂应始终保持弧形姿态，就是"一身备五弓"中的两张弓。富有弹性，能张能弛，"掤要圆撑""掤劲不丢"这些都是演练时切切注意的基本法则。在实践中，往往是只强调了"掤劲不丢"而不是劲不外露的内劲，又出现了硬邦邦的拙力，可以说是一通病。

（二）捋劲的技术运用

捋劲是一种顺着对方主力前进的方向，利用惯性作用，一接住就向自身、并斜向体侧引带的劲，顺对方来势，向侧、向后的牵引力。凡对方向我掤或挤时，我则一手黏其腕，另一手黏其肘部向两侧顺势斜线牵引，如用之得法，可引使对方向前、向侧倾倒。

捋法是一手黏其腕，一手黏其肘臂部，顺其势，以捋劲使对方劲向侧或前牵引，改变原劲力的方向，即捋化；但同时可顺其方向用力，使对方继续前伸落空，是以防为攻的技法。

（三）挤劲的技术运用

挤劲是一种向前又向下的斜线送劲的用劲方法，逼使对方不得不运转的力。太极拳中凡以手或臂横于胸前向对方贴近推挤称为"挤"。挤法在太极拳中，一般采用一臂掤圆横置胸前，另一手扶其腕部，合力向前、向对方推挤。在对方近身或被对方捋时，用挤法应之，以手臂或手臂向前贴紧挤着对方，使对方无法转劲，然后将对方挤出。

（四）按劲的技术运用

按劲是一种向里又向下的斜线送劲的用劲方法。在太极拳中，既有按压对方的来力，又有黏随推掷而去的进攻方法。按法在太极推手练习中，凡遇对方挤我时，我即用两手向下，向前推按以破挤法，如用之得当，也可将对方向前按倒。用按手在推手或散打中是惯用的招数。

（五）采劲的技术运用

采劲是用手掌按着对方的手臂向下沉采，即为采劲。该手法运用较广。善于用采者，不管对方的力怎么攻来，均可采而化之，然则选择其弱点反攻。在太极推手中，对方如用按时，我则以采先改变其力的方向，然后发入攻之。凡对方的来力，均可以采劲，先改变其用力方向，寻其势，趁虚而发，如用力得当，可使对方向前侧、向前下跌倒。实际运用中，采人时按触对方，不能离开黏意，不能存有"拿不住就算了"的拙笨想法。在得机得势时，轻巧、敏捷、准确地以中、食、拇指着力，其他两指内收，劲下沉，向外旋带，使对方的腕、肘、肩等关节成反关节，而向前斜下方倾跌。

（六）捯劲的技术运用

捯劲是一种顺势牵动对方被动旋转的用劲方法，当对方以右手挽住自己的左肘，用左手贴住自己的右臂，企图将自己向后并斜向左侧退出时，顺势沉左肘，并以左手贴住对方的右臂往里侧，将对方的右手和右臂循向左并偏向后的弧线引带，右手则贴住对方的左胸，配合左臂同时循弧线向同一方向送劲，使对方的身体不得不因向右方旋转而倾侧。

（七）肘劲的技术运用

肘劲，一般指以肘尖发出的力。肘法，即用肘力进攻对方的方法。在太极推手中，肘主要有两种用法：一种是我右手黏住对方右腕，左前臂尺侧黏对方右肘人旋右捋，当对方急应转为挤时，我以右手托住其右腕，截其下落之力；同时左臂屈叠，以肘尖推撞对方右肋部，此为肋部攻击法；另一种是对方用一手或两手托住我一肘或两肘，我即面前屈叠，以肘部下沉用力，向下，向后牵带对方，此为牵带进攻。太极拳使用肘法时，总是以步法占先，配合腰腿，再施以肘击，并以不太突出肋外为准。

（八）靠劲的技术运用

靠劲，是指通过肩、背向外挤推之力。也就是说，凡以肩、背攻击对方的技法称为"靠"。靠劲多在贴身之后，发出外挤推力。在推手中，靠法多用肩靠。此法不可轻易使用。靠以肩、臂、背、胯、臀等部靠击，要求身法、步法配合得当，肩胯相合，上下相随，以身形中正、顺步插封最为得力，其技法较多，有丁字靠、背抓靠、迎门靠、穿裆靠等。它与肘劲相同，都以快速弹抖发劲。靠法多以胸肋为目标，着法狠，是近身战时惯用的招数，应多习之。

二、太极推手——四字诀

太极推手运动要注意"沾连黏随"四字要诀。

"沾"字诀：要如细雨般轻灵。

"沾"是一种以轻轻的作用力引出，并利用对方的反作用力的用劲方法。讲的是推手的接手要轻，要准。当对方实力雄厚、桩步稳固，自然不能用实力去硬推硬拉动摇他。要以意探之，以力诱之，使其气腾，上重下轻，轻轻把他沾起，使他立脚不稳。推手练习的是"听劲"的功夫，如果你放松，动作轻，感觉就灵敏；如果重，感觉就相对迟钝。所以，"沾"一定要轻、要灵，这样才能了解对方劲力的大小和方向。

"连"字诀：意在人先，接而不脱。

"连"是连续不断的意思，就是在用劲方法上，要有虚实、刚柔的转化和方向、角度的变换，不能用断劲。讲的是推手时，双方的手臂互相缠绕往来。在这个过程当中，尽量不要与对方脱离，不仅动作要"连"，在意念上也要"意在人先"，预先感知对方的动作意图。这主要是练习顺随的功夫，要求双方的手臂相吸相连，不要脱离开。

"黏"字诀：我顺人背谓之黏。

"黏"是贴的意思，是在"沾连"的基础上的进一步要求。"黏"和"沾连"不同，是要制住对方。在推手时，一定要缠住对方，"黏"的方法最重要的是要控制住对方的三节——身体的三节是头、躯干、下肢；手臂的三节是手、肘、肩；下肢的三节是脚、膝、髋。推手主要是控制手臂的三节，要捋根节，堵中节，塌梢节。捋要从对方的根节上捋下来，把中节堵住，用塌劲控制手腕。只有在推手中控制对方的三节，才能"黏"以制敌。

"随"字诀：身与意皆随对手而动。

"随"是跟随的意思，就是随人所动。缓急相随，进退相依，不离不弃，不先不后，主动地"舍己从人"，不主观片面地用力。但是，"随"不是盲目的，而是要和对方相合。不仅要在动作上相合，而且要在神意上和对方相合。只有做到了"合"，才能练习出人不知我、我独知人的功夫。"连"和"随"是不一样的，"随"要求你做到"合"，只有"合"，才能因敌变化而变化，才能引进落空合即出。

此外，练习"沾连黏随"时，要注意四个毛病，即丢偏顶抗。

丢，就是不能连随，跟不上对方，脱离对方。

偏，就是对方推你，你不走化地退让，身法就偏了。

顶，就是顶牛，不知道走化，这是我们在推手中常见的现象。走化应该是从腰上走化，走化不了，就会顶牛。

抗，就是用力和对方对抗。

太极推手八字歌

掤捋挤按世间稀，
十个宜人十不知。
若能轻灵并坚硬，
沾黏连随俱无疑。
踩捌肘靠更出奇，
行之不用费心思。
果得沾黏连随字，
得其环中不支离。

三、太极推手——五步

太极推手五步，是前进步、后退步、左顾（左行步）、右盼（右行步）、中定，与五行火、水、木、金、土相对应。

（一）"进"与五行火相对应，意思是向前、向上移动，从外面到里面。进在太极拳中主要是用来指导步法，有上步、进步。上步是两脚平行站立时一脚向前位移，或两脚前后站立时后脚越过前脚向前位移；进步是两脚前后位站立时前脚向前位移，后脚跟上向前位移。进步用于配合劲力发放的方向和对敌的策略。进就是在对方已被己制住，或其重心已经不稳时，或对方欲侧避己时，及时向前踏进或发劲制敌的技法。

（二）"退"与五行水相对应，意思是向后移动，离去、使向后移动，脱离等。在太极拳步法中脚步向后移动称之为退步或撤步。退步是两脚平行站立时一脚向后位移，或两脚前后位站立时前脚越过后脚向后位移；撤步时两脚前后站立时后脚向后位移。退步和撤步一般配合运用于防守动作。退就是在对方正面攻来时，我向后退步或重心后移以引对方进而落空，使其攻势失效而处于被动地位的技法。

（三）"左顾"与五行木相对应。在太极拳步法中，左脚向左侧位移叫左行步，左为绕进之意。左顾就是在遇到对方攻来时避开正面而由两旁绕进，以避实就虚攻敌制胜的技法。

（四）"右盼"与五行金相对应。在太极拳步法中，右脚向右侧位移叫右行步，左表示绕进，故右应为绕退，有随从之意，在太极拳中有黏随之意。右盼就是当对手以变换而又不易对付的攻势向己攻来时，跟随其劲而步不即不离弧形后退，使其攻势失效而后寻机击敌的技法。

（五）"中定"与五行土相对应。中的意思为中心、当中；定的意思为使不移动。由此可知，中定就是站在中间不动的意思。在太极拳中，中定则为以静制动之意，保持身体居中心位置，有固守原地之意。在接对手招式之前，保持身体中正，虚晃引诱时，原地不动步、不发劲，做好准备，待对手进攻再按生克制敌的技法。中定是太极拳中最重要最难练的步法。

王宗岳先生在《太极拳论》中明确地阐述了十三势的整体内容，使拳法、拳理、结构与运行框架相统一。八法五步主要是讲推手的演变，十三势都不是孤立的姿势和动作，而是根据阴阳变化的道理，随其所行，周而复始，不断变化。这也说明，太极推手是有哲理运化的，而不是单纯用力。

四、太极推手——劲

练太极推手，力与劲是一对冤家，如外力不舍弃，内劲就不长。力与劲不仅是冤家，而且"脾气""性格"截然相反，力有形劲无行，力方劲圆，力涩劲畅，力迟劲速，力散劲沉，力钝劲锐，等等。谈到劲，除了掤、捋、挤、按、采、挒、肘、靠、沾连黏随外，还有诸如听劲、懂劲、走劲、化劲、接劲、借劲、引劲、拿劲、发劲、提劲、沉劲、截劲、断劲等，在推手中也各有特色。

（一）听劲

听劲在推手中贯彻始终，"听"并非用耳朵去听，而是以周身皮肤的触觉去感觉。只有练拳架能松、能沉，推手时做到沾连黏随，才能通过皮肤接触感觉到对手劲的来路去向。练听劲就是练感觉的灵敏度，僵劲拙力者不能练出听劲，一定要在练拳时就注意力与劲的运用，所以练好拳架是进行推手的必要条件。

（二）懂劲

练成听劲后，你对对方的意图逐渐了如指掌，逐步去掉顶、偏、丢、抗之病，开始进入懂劲阶段。能懂劲一定能听劲，但能听劲不一定能懂劲，所以懂劲比听劲更难练。通常经过名师口授和自己加强练习，在细细揣摩中才能慢慢悟出。简单、急躁是难以进入懂劲境界的。

（三）走劲

劲是无形的，推手时通过"意到、气到、劲到"，劲在体内沿弧线虚虚实实、刚柔相济、忽大忽小、忽左忽右、忽高忽低地进行圆周运动。太极功夫越深，旋转圈子越小，往往能达到闪电般一触即发的地步。走劲时圆圈的一半是避实就虚，另一半是根据听劲找到对方的弱点乘虚而入，就这样虚虚实实地以四两威力拨动对方千斤。

（四）化劲

化劲是顺人之劲，或高或低或横或直或快或慢，都能与之结合一致，黏而化之。真正的化劲，在化中须有虚虚实实的变化，使人不知劲路，直至对方失势为止。在化劲时，劲中也略含掤劲，强弱适中，注意弹性，在对方之劲将出而未全出、将至而未全至时随势而化，不要太早或太迟。

（五）引劲

引劲是对方不出劲而引诱他出劲，以便"后发先至"；或者引诱对方按自己理想的路线出劲，一般引劲处于化劲和拿劲之中间。引劲不仅是用手来引，也可用身法、腰法、步法等来引，一般初学者不易做到。

（六）拿劲

拿劲是拿对方实处、僵处或钝处，如对方非常轻灵，将拿而未拿到之际，要注意不露形。一般是拿活关节，拿到后不要使对方化脱，否则自己会受到很大威胁。拿劲一般不是用手拿，用手拿易被对方化而反遭危险，主要是腰腿上的劲；不是用力拿而是用意拿，步法、身法方向也很重要。使用拿劲时，务必使自己尾闾中正、顶悬步稳，对自己的重心则更须注意。

（七）发劲

发劲就像抛物与射箭那样，均在一刹那间，欲抛即抛，欲射即射；发时敛气凝神，目视对方，尾闾中正，虚灵顶劲，含胸拔背，沉肩坠肘，伸指立掌坐腕，向下松腰坐胯，真正做到"意到即气到，气到即劲到"，发者本身愈觉未使劲，对方却愈觉沉重。发劲种类颇多，初学发劲，先要知道劲路，能通达一种劲后，其他劲也可以逐渐通达。但对于初学者来说不要急于学发劲，应先练好拳架和学习听劲、懂劲和化劲，再从中逐步探索其奥秘。

（八）提劲

提劲是提高拔上的意思，即将对方之根拔起，使其重心倾斜。提劲的方法全在

技术篇

腰腿，而不是用手提，用手提则重而且笨，易被人发觉。用提劲时，脚步要站稳实，虚领顶劲，气贴背，尾闾中正，敛气凝神，两眼注视对方；运用时随机应变，如提之得势，再后引，当对方身不由己时就可以用按劲发出。

（九）开劲

开劲即化开，当对方之劲刚猛，则以轻柔之劲化开，"引进落空合即出"中的引进落空就是将对方之劲引进化开然后再合而发之，如封似闭就是这样用的。功夫深者往往自开其门，待对方深入即反击之。开劲不但能化也
能发，不要失去良机。

太极推手的基本技术

（十）合劲

合劲发出时特别紧凑完整，因将全身之气集中在一起，发出后对方无法逃避。发合劲须用腰腿劲，含胸拔背，沉肩坠肘，气贴背。合劲在发劲时起很重要作用，是最常用的一种劲。

五、太极推手主要方法

太极推手有单推手、双推手以及四正推手三种基本推手的练习方法。一般初学太极推手时，先从单手按化、捋化粘黏推手法，双手按化平圆粘黏推手法、双手捋化粘黏推手法、双手折叠粘黏推手法等着手，然后学习定步四手、活步四手。学习过程由易到难，由简到繁，不要急于求成，贪多求快。练习时，动作要求圆活，两臂切勿僵硬，其总体要求是能化能发，化劲松劲，放劲干脆。

（一）单推手

1. 平圆单推手

预备姿势：甲乙两人面对面并步站立，双臂自然垂于体两侧。两人间隔距离以两臂握拳前平举为准。

要求：头部上顶，身体各部位力求做到自然、放松、竖直。

动作方法：

甲乙两人左脚各左转约50°，右脚向前迈出一步，两脚内侧相对，两人右脚间距为10~20厘米。然后双方右臂前伸右手背手腕交叉相搭，左手掌按于身体左大腿外侧，两腿微屈，重心落于两腿之间，呈右掤搭手。

甲右掌内旋贴乙前臂向乙胸前推掌，同时重心前移，右腿前弓；乙乘甲来劲重心后移松腰坐胯，乙用掤劲粘黏甲右腕上，体随之向右、后转动引带，使甲掌不触胸部而落空。

乙右掌内旋贴甲前臂向甲胸前推掌，同时重心前移，右腿前弓；甲乘乙来劲重心后移松腰坐胯，甲用掤劲粘黏乙右腕上，体随之向右、后转动引带，使乙掌不触胸部而落空。

动作要点：前推掌时，重心不可移之过前，化劲时应转腰缩胯。重心后移不可后仰，甲乙两手不丢不顶做到沾连黏随。练习时可循环往复，也可左右手、左右脚交替练习，双方推手路线呈水平圆。

2. 立圆单推手

预备姿势：两人呈右掤手，动作同平圆单推手搭手。

动作方法：

甲右掌内旋贴乙前臂向乙面部推掌，同时重心前移右腿前弓，乙右臂用掤劲粘黏甲右腕，顺甲来劲上体右转顺势向右上方引带甲来劲，重心后移松腰坐胯，乙右掌内旋贴甲右前臂，向下按甲臂至右胯旁，使甲掌不触及面部而落空。

乙右掌心贴甲右手臂向甲右肋部推掌，同时重心前移右腿前弓，甲重心后移松腰坐胯，甲乘乙来劲上体右转右臂向右侧上引带乙右掌，使乙掌不触肋部而落空，此为立圆推手一圈。

动作要点：前推掌时，重心不可移之过前，化劲时应转腰缩胯。重心后移不可后仰，甲乙两手不丢不顶做到沾连黏随。练习时双方推手路线呈一个立圆循环往复，左右手和左右腿可交替练习。

3. 折叠单推手

预备姿势：两人呈右掤手，动作同平圆单推手搭手。

动作方法：

甲右掌内旋贴乙前臂向乙右肋部推掌，同时重心前移右腿前弓；乙右手用掤劲粘黏甲右腕，顺势右手外翻手背下压甲手腕上，同时重心后移松腰坐胯，乙乘甲来劲上体右转向，右下方引带甲，使甲掌不触肋部而落空。

乙右手上提至耳侧上方；甲右手贴乙右手腕部，随之上提。乙右手内旋翻转掌心贴甲前臂，上向甲右肋部前推按掌，同时重心前移右腿前弓；甲重心后移松腰坐胯，上体右转，右手外翻手背下压乙手腕上，顺势向右下方引带乙右臂，使乙掌不触肋部而落空。

甲右手上提至耳侧上方；乙右手贴甲右手腕部，随之上提。

动作要点：前推时，重心不可移之过前，引化时应转腰缩胯。重心后移时上体不可后仰，两手不丢不顶，做到沾连黏随。

单推手

练习时双方推手路线走一个立圆 8 字路线，左右手和左右腿可交替练习。

（二）双推手

预备姿势：动作同单推手搭手，唯一不同是两人呈双掤搭手，右手掤搭手，左手抚贴于对方右肘部，两人间隔距离以双臂握拳前平举为准。

动作方法：

甲右掌内旋贴乙右手腕，左手贴乙肘部向乙胸部推掌，同时重心前移右腿前弓；乙重心后移松腰坐胯，承接甲掤劲，乙左手抚贴甲左肘部，上体向右转，右臂顺势向右后方引带甲来劲，使甲掌不能触及胸部而落空。

乙右掌内旋贴甲右手腕，左手贴甲肘部向甲胸部推掌，同时重心前移右腿前弓；乙右手乘甲来劲，用掤劲沾甲右腕，同时重心后移松腰坐胯，甲左手抚贴乙左肘部，上体向右转，右臂顺势向右后方引带乙手臂，使乙掌不能触及胸部而落空。

动作要点：推掌向前用力，引化时向下向右后引带，前推掌时用力不要过猛，以防失去重心被对方牵制反攻。练习时，双手顺势向一个方向转动，推手路线走一平圆，左右手和左右腿可交替练习。

双推手

（三）四正推手

在太极推手中，用四正手进行掤、捋、挤、按的训练和应用，四正推手可以定步推手，也可以活步推手，但通常是指定步四正推手，要求步法不动而手法作掤、捋、挤、按的往复变化，并要求切实贯彻"沾连黏随"的原则。定步四正推手是技击中攻守最普遍应用的技艺。学习四正推手，除了可熟悉掤、捋、挤、按的应用，还可训练发劲、听劲、化劲的技能。因此，四正推手也是太极推手最主要的练习和攻防技术。

1. 甲乙双手掤手

两人面对面并步站立，两臂垂于体两侧，两人间隔距离以双臂握拳前平举，拳面相对为准。两人左脚各左转约 50°，右脚向前迈出一步，两脚内侧相对，两人右脚间距 10~20 厘米，然后双方右臂前伸右手背手腕交叉相搭，左手抚贴于对方右肘部，两腿微屈，重心落于两腿之间，呈右掤搭手。

2. 甲捋乙挤

甲左手抚贴于乙右肘部，右手抓握乙右腕部向右捋乙右手臂，同时重心后移松腰坐胯；乙右臂掤劲，左手脱开甲右肘，掌背贴己右小臂内侧横置于胸前，随甲捋劲顺势向甲胸部前挤，同时重心前移呈右弓步。

3. 甲按乙掤

乙随甲之捋势掤右小臂，使甲之两手被挤于胸前；甲随之重心后移。

甲顺乙之挤势，双手下按乙右小臂化解乙之挤劲；乙同时身体后坐微右转，乙上体右转两臂向右后引带化解甲之按劲，乙上体微左转同时上提左臂呈左掤手，右手贴于甲右肘部；甲左手腕背部贴乙左臂，随之甲乙呈左掤手。

四正推手介绍的是顺时针方向（对甲）练习，还可以逆时针方向练习，即从预备式开始，乙先向右捋，依次方法相同，惟方向相反。此外，左右足前后可以互换。

进步推手要领：掤、捋、挤、按是相生相克的，即甲掤、乙捋，甲挤、乙按，循环往复练习，甲乙也可交换练习。四正推手可定步练习，也可活步练习。

推手是双方打手对练的过程，在推手过程中要做到虚领顶劲，气沉丹田；不偏不倚，忽隐忽现；左重则左虚，右重则右杳；进之则愈长，退之则愈促；人不知我，我独知人，英雄所向无敌，盖皆因此而及也。

四正推手

附：太极拳题库

太极拳题库

参考文献

[1] 吴剑，等.武术（第一版）.杭州：浙江大学出版社，2013.

[2] 吴剑，等.武术（第二版）.杭州：浙江大学出版社，2020.

[3] 中国武术协会.武术套路竞赛规则与裁判法.北京：人民体育出版社，2013.

[4] 中国武术协会.太极（太极八法五步）.内部材料

[5] 李德印.杨式太极刀.北京：北京电视艺术中心音像出版社，2013.

[6] 马建超.太极毛笔的创新和实践.北京：中国致公出版社，2020.

[7] 国家体育总局武术研究院组编.中国武术段位系列教程——杨式太极拳.北京：高等教育出版社，2009.

[8] 国家体育总局武术研究院组编.中国武术段位系列教程——陈式太极拳.北京：高等教育出版社，2009.

[9] 沈永培，等.推手秘籍.上海：上海教育出版社，2016.

[10] 武冬.太极拳推手教程.北京：北京体育大学出版社，2015.

[11] 祝大彤.太极揉手解密.北京：人民体育出版社，2011.